敬德文丛

中华文化 教师素养读本

楼宇烈 顾问

傅首清 主编

中华书局

图书在版编目(CIP)数据

中华文化教师素养读本/楼宇烈顾问,傅首清主编. —北京:中华书局,2018.1
ISBN 978-7-101-12731-7

Ⅰ.中… Ⅱ.①楼…②傅… Ⅲ.古典文学-中国-初中-教学参考资料 Ⅳ.G633.303

中国版本图书馆 CIP 数据核字(2017)第 187591 号

书　　名	中华文化教师素养读本
顾　　问	楼宇烈
主　　编	傅首清
责任编辑	祝安顺　李　猛
出版发行	中华书局
	(北京市丰台区太平桥西里 38 号　100073)
	http://www.zhbc.com.cn
	E-mail:zhbc@zhbc.com.cn
印　　刷	北京市白帆印务有限公司
版　　次	2018 年 1 月北京第 1 版
	2018 年 1 月北京第 1 次印刷
规　　格	开本/787×1092 毫米　1/16
	印张 20¾　插页 2　字数 200 千字
印　　数	1-15000 册
国际书号	ISBN 978-7-101-12731-7
定　　价	58.00 元

中小学应该怎样开展传统文化教育

楼宇烈

现在国家层面大力弘扬中华优秀传统文化，这是中华民族复兴的应有之义。具体到中小学层面，我们应该怎样传承和开展中国传统文化教育呢？

首先得说，当下有习惯性教育思维的人不在少数，好像教传统文化的人只能是专业教师。其实学校每个教师都应该、也可以教这门课。现在最大的问题是把文化所呈现的样式分门别类，然后专业化。现代社会把"人"四分五裂，比如这部分是情感的，这部分是理智的；这是感性的，这是理性的。其实人既有理性的方面，又有感性和直觉的方面；既有情感的需要，又有其他方面的需要。人是一个整体，做人的道理是统一的。

中小学实践层面认为缺乏传统文化教师。我们可不可以重点培养以教授传统文化为主的师资呢？可以。但我认为仅仅这样还不够，我们应该让每个教师都能教传统文化。为什么只有语文老师可以教，历史老师、数学老师、物理老师为什么不能教呢？只要老师能把传统文化融入生活中去，这些课程都可以教。在生活中，其实每个教师都有自己对传统文化的体会。

就拿科学课来说。很多人认为只有西方文化才有科学，中国文化没有科学，我不这样认为。科学课老师可以给大家讲一讲我们的"四时八节"。中国古人把一年分成春夏秋冬四时（四季），四季有八个关键点，分别是立春、春分、立夏、夏至、立秋、秋分、立冬、冬至，加上二十四节气，再加上七十二候（五天一候），这就是中国人的时间智慧。它非常准确，是中国古人根据生活经验积累形成的智慧。中国的历法是阴阳合历，不能简单地说中国历法就是阴历。二十四节气不是阴历，而是阳历，是根据地球围绕太阳公转而制定的。我们的科学课为什么不能讲讲这些呢？

再比如数学课。数学课为什么不能讲讲九九口诀呢？我听说有欧洲人来中国学习我们的口诀。如果你给他讲讲口诀，讲讲二十四节气，这不就是在讲中国文化吗？不要把中国文化单纯地看作道德伦理概念。在这方面，我们中小学教师都有责任，也能够讲好。

包括中医有很多基本理念都可以在中小学里教。比如中医在养生方面要人们："饮食有节，起居有常，不妄劳作，心平气和。"这些理念为什么不能讲呢？让孩子们从小知道我们饮食要有节制，起居要有规律，要让他们知道合理饮食的基本构成，"五谷为养，五果为助，五畜为益，五菜为充"。

传统养生理念，或者我们的传统对于生命如何保持健康的一些理念，都可以讲。不要仅仅认为传统文化就是讲一些大道理，没有专门的国学教师不是主要问题，细分出国学教师反而会产生问题。要鼓励每位教师从他自己的学科领域里传播传统文化理念。

中小学应该怎么教授传统文化呢？

对于孩子来说，可以从以下三点开始。一是"父母呼，应勿缓"。这是一个做孩子最基本的礼貌，别人叫你不应，你父母叫你总应该应吧，这是最基本的，要他去按照这个做。二是"出必告，反必面"。你出门告诉一下父母要上哪里去，回来说一声"我回来了"。这就是一种最简单的习惯。为什么要有这个礼仪？因为要让父母放心。三是"晨则省，昏则定"。早晚问好、请个安，也没有什么难做的。

一个孩子你就让他做到以上三条，督促他甚至监督他去做，我想他的家庭关系就会发生重大的变化。过去这个孩子父母叫他，理都不理，现在答应了；过去出门从来不和父母招呼，现在出门告诉父母，回来也告诉父母；早晚还要给父母请个安。孩子天天这么做，成为好习惯，父母肯定很开心。

我们继承传统文化，根本在于继承其精神。比如，我们告诉孩子应该遵守的最基本规矩就行了。我的观点是按照朱熹对"小学"的要求来做。过去，孩子八岁起，自王公大臣以至庶民的子弟，都要入"小学"，学习洒扫、应对、进退。这相当于我们今天的义务教育。八岁到十五岁一共七年，我们现在义务教育是九年制。

中国传统的小学教育，洒扫、应对、进退、礼乐、射御、书数，琴棋书画都包括。我们的艺术不是用来竞技的，不是用来单纯表演的，而是用来自我修养的，是用于人与人之间心身的交流。

总体来讲，在开展传统文化教育中，我主张不要给孩子讲抽象的道理，不要让孩子去背那些干巴巴的、枯燥无味的文章，而要更多地从生活感知的层面去做传统文化教育。现在也有学校教授中国的传统音乐、京剧、书法、绘画、剪纸等。可以让学生通过接触传统手艺，慢慢体会并了解我们的传统文化。也可以带着学生出去走走，看看我们的园林建筑，看看故宫的设计理念，让学生体验建筑之美。进而可以讲到平衡、和谐、对称等，甚至让学生理解到"中正平和"是中国文化的一个核心理念。

做人方面，要督促孩子拥有敬畏心，要敬重老师，也要敬重父母，这其实也是敬重自己。你要让人尊重你，首先就要敬重自己，做什么事情都要去把它做好。孩子们懂得这些道理，一生都会受益，甚至比背几十万字的古文都受益。所以我们不要把传统文化教育看得太难，关键在于通过生活、实践等来学习，让它变得活泼一些。

王阳明给他一个学生写信，内容是关于怎么教孩子的。他说，孩子的天性就是喜欢玩，你让他背这个、背那个，要这样做、不要那样做，他受不了，结果就让学生"视学舍如图狱，视师长为寇仇"。把学校看成监牢，把老师看成敌人。所以老师要随着儿童的天性，在游戏中让他们受教育，比如在游戏里扮演父母怎么对待孩子，兄长怎么爱护弟弟等。

　　哪怕学一首诗也有很多种方法。拿《清明》来说，"清明时节雨纷纷，路上行人欲断魂"，孩子可以背诵这首诗，可以去唱这首诗，也可以按照这个意境去画一幅画，还可以让他演一个小短剧。一个演牧童，一个演路人。

　　总之，不管怎么教，教什么，最重要的是要让教育融入生活，注意形式的生动活泼，效果就差不了。

目录

二、魏晋南北朝文

三、唐宋文

四、明清文

一、先秦两汉文

周易·文言传（节选）

推荐者

楼宇烈

北京大学哲学系教授，北京大学国学研究院导师，北京大学宗教研究院名誉院长，北京大学京昆古琴研究所所长等。兼任教育部人文社会科学研究专家咨询委员会委员，全国古籍整理出版规划领导小组成员，全国高等院校古籍整理研究工作委员会委员等职，曾任北京大学学术委员会委员、国务院学位委员会学科评议组成员、中国宗教学会副会长等职。主要论著有《老子道德经注校释》《宗教研究方法讲记》《中国的品格》《中国文化的根本精神》等。

推荐缘由

《周易》是中国文化的根源性典籍之一。它包括经和传两部分，传又包括《文言》、《彖传》上下、《象传》上下、《系辞传》上下、《说卦传》、《序卦传》、《杂卦传》七种十篇，又称"十翼"，它们是真正发挥《周易》思想的文字。"十翼"中最重要的是《系辞》，其次是《文言》。

　　《文言》是专门对乾坤两卦所作的解释，为乾坤两卦所特有。《文言》里多有"何谓也""子曰"等字样，很可能是孔子答弟子问，弟子所作的记录。因乾坤两卦是易之门，是易之根本，其余诸卦皆自乾坤两卦出，所以《文言》对这两卦反复加以讲解，并说明如何应用到自己的道德修养上，给人们学习其他诸卦作出示范。

经典原文

　　《文言》①曰：元者，善之长也；亨者，嘉之会也；利者，义之和也；贞者，事之干也。②君子体仁③足以长人，嘉会足以合礼，利物足以和义，贞固足以干事。君子行此四德者，故曰："乾：元、亨、利、贞。"

　　初九曰："潜龙勿用。"何谓也？子曰："龙德而隐者也。不易乎世，不成乎名；遁④世无闷，不见是而无闷；乐则行之，忧则违之，确乎其不可拔⑤，潜龙也。"九二曰："见龙在田，利见大人。"何谓也？子曰："龙德而正中者也。庸言之信，庸行之谨，闲⑥邪存其诚，善世⑦而不伐，德博而化。《易》曰'见龙在田，利见大人'。君德也。"九三曰："君子终日乾乾，夕惕若厉，无咎。"何谓也？子曰："君子进德修业。忠信所以进德也。修辞立其诚，所以居业也。知至至之，可与言几⑧也。知终终之，可与存义也。是故居上位而不骄，在下位而不忧，故乾乾因其时而惕，虽危无咎矣。"九四曰："或跃在渊，无咎。"何谓也？子曰："上下无常，非为邪也。进退无恒，非离群也。君子进德修业，欲及时也，故无咎。"九五曰："飞龙在天，利见大人。"何谓也？子曰："同声相应，同气相求。水流湿，火就燥。云从龙，风从虎。圣人作而万物覩⑨。本乎天者亲上，本乎地者亲下。则各从其类也。"上九曰："亢龙有悔。"何谓也？子曰："贵而无位，高而无民，贤人在下位而无辅，是以动而有悔也。"

【注释】

①《文言》：文饰乾坤两卦之言。文，文饰。

②元：开始。长：首，君。亨：古文字有祭祀之义，此训为通。嘉：美。会：聚合。贞：一说为占问，一说为正。干：树干。

③体仁：以仁为体，躬行仁道。

④遁：隐退。

⑤拔：移。

⑥闲：木栏之类的遮拦物。

⑦善世：为善于世。善作动词。

⑧几：微。《系辞》：“几者，动之微，吉之先见者也。”

⑨圣人作而万物覩：指圣人兴起，天下光明，万物呈现本色，各尽其用。作，起。覩，古同“睹”，见。

【译文】

“元”，是众善的首领；“亨”，是嘉美的荟萃；“利”，是事义的和谐；“贞”，是办事的根本。君子躬行仁道足以领导众人，嘉美会合足以合乎礼，利人利物足以合乎义，能贞正固守足以成就事业。君子能行此四德，所以说：“乾：元、亨、利、贞。”

初九爻辞说：“潜伏之龙，暂不施展才用。”这是什么意思？孔子说：“这是比喻有龙一样德行而隐居的人。他不为世俗所改变节操，不迷恋于成就功名；隐退世外而不苦闷，不为世人称许也不苦闷。天下有道就见而有所为，天下无道就隐而无所为。这坚定的意志任凭什么力量也不可动摇。这就是潜龙。”

九二爻辞说：“龙出现在田野，适合见大人。”这是什么意思？孔子说：“这是比喻有龙一样德行而秉性中正的人。他的平常言论保持信实，日常举动讲究谨慎。防止邪恶不使侵于心，保持内心之诚。为善于世而不自夸其功，德行广博而化育人。《周易》说：‘龙出现在田野，利见大人’。这是君主之德。”九三爻辞说：“君子终日勤奋不息，夜间仍警惕慎行，似有危厉，这样即使面临危险也会免遭咎灾。”这是什么意思？孔子说：“这是比喻君子要增进德行、修治学业。忠诚信实所以增进德行；修饰言辞以树立诚意，所以成就学业。知道所要达到的目标而努力争取，可与他讨论事物发展的征兆。知道事业应该终止就终止它，可与他保存事物发展的适宜状态。所以居上位而不骄傲，在下位而不忧愁。所以君子勤奋进取，时时保持戒惧，虽有危厉而无咎。"九四爻辞说："或腾跃上进，或退处在渊，没有咎灾。"这是什么意思？孔子说："这是比喻贤人的上或下，本来就是变动无常的，并非出于邪欲；进或退，也不是恒久不变的，并非脱离众人。君子增长德行，修治学业，是想抓住时机进取，所以必无咎灾。"九五爻辞说："龙飞于天上，适合见大人。"这是什么意思？孔子说："相同的声音相互感应，相同的气息相互追求，水往湿处流，火往干处燃，云萦绕着龙，风追随着虎。圣人兴起而万物清明，呈现本色。依存于天的亲附于上，依存于地的亲附于下，万物都归属于各自的类别中。"上九爻辞说："龙升腾至极限，终将有悔恨。"这是什么意思？孔子说："身份尊贵而没有具体职位，高高在上而与民众脱离，贤明之士处下位而无人来辅助，所以只要一行动就产生悔恨。"

一句话阅读

天行健，君子以自强不息。地势坤，君子以厚德载物。

——《周易》

周易·系辞（节选）

推荐者

孔德立

　　山东曲阜人，南京大学历史学博士，北京师范大学历史学博士后。现任北京交通大学教授，文化教育中心主任，兼任中国孟子研究院特聘专家、尼山学者，中华孔子学会副秘书长，孔子后裔儒学促进会秘书长，中国高等教育学会大学素质教育研究分会常务理事。主要从事孔子、儒学与中国传统文化的教学与研究。

推荐缘由

　　《系辞》为《易传》十篇之一，更是《易传》的总纲与精华，分上下两部分。从《史记·孔子世家》与马王堆帛书《要》篇等文献可见，孔子"晚而喜《易》"，读《易》"韦编三绝"。孔子晚年着力整理的经典一部是《周易》，一部是《春秋》。如果说，孔子编《春秋》是为建立人类社会秩序提供了范本，赞《易》则是从哲学角度为人类找寻可以借鉴的规律。本章节选部分鲜明体现了《周易》的"生生不息""辩证统一""日新盛德"的思想。这些思想是《周易》哲学的精华，在当今社会仍具有重要的借鉴意义。

经典原文

一阴一阳之谓道①，继之者善也，成之者性也。仁者见之谓之仁，知者见之谓之知②，百姓日用而不知；故君子之道鲜③矣！显诸仁，藏诸用，鼓④万物而不与圣人同忧，盛德大业至矣哉！富有之谓大业，日新之谓盛德。生生⑤之谓易，成象⑥之谓乾，效法之谓坤，极⑦数知来之谓占，通变⑧之谓事，阴阳不测⑨之谓神。

【注释】

①道：宇宙万事万物盛衰存亡的根本规律。

②知：智慧。

③鲜：很少。

④鼓：鼓动，发动，振作。

⑤生生：阴阳转易相生。

⑥象：宇宙天地间的种种物象。

⑦极：穷尽。

⑧变：变化。

⑨不测：不可测定。

【译文】

一阴一阳的相反相生，运转不息，就叫作"道"。继续阴阳之道而产生宇宙万事万物的就是"善"，成就万事万物的就是"性"。有仁德的人见此性此道，即认为是仁，聪明的人体察此性此道，就认为是智。百姓日常应用此"道"而不知晓，所以君子之道能涵盖万有，为万物之根，但能全面懂得此"道"的人却很少。道显现于仁德而广被宇宙间，潜藏于日用而不易觉察。能鼓动化育万物的生机，而不与得天子之位的圣人同其忧思，它的盛美德行和宏大功业真是至高无比了！学问德行乃至天下万事万物的具足富有，就是伟大的事业了，日新又新，就具足了盛美德行了。阴阳转易相生不息，变化前进不已，就是"易"，画卦成天之象就是"乾"，画卦效法而行就是"坤"，极尽数术的推演，预知将来的变化就是"占"，通达变化之道，就是"事"，阴阳变化莫测的，就是"神"。

一句话阅读

> 立天之道曰阴与阳，立地之道曰柔与刚，立人之道曰仁与义。
>
> ——《周易·说卦》

毛诗序

推荐者

孔德立

推荐缘由

　　汉代传《诗》有鲁、齐、韩、毛四家，其中赵人毛苌传的《诗》为"毛诗"，前三家都立于学官，只有《毛诗》未列入，但《毛诗》至汉末兴盛起来，取代三家而独传于世。《毛诗》于三百篇均有小序，而首篇《关雎》题下的小序后另有一段较长文字，很像是整部《诗经》的总序言，世称《诗大序》，又称《毛诗序》。孔子谓"《诗》三百""思无邪""温柔敦厚，诗教也"。孔子教导儿子孔鲤"不学《诗》，无以言"。《史记·孔子世家》记载，孔子以《诗》《书》《礼》《乐》教弟子。可见，思想纯正的"诗教"可以教人心、正风俗，是古代知识教育与思想教育的重要内容。《毛诗序》是论述中国古代诗歌的理论文章，传承儒家"诗教"传统，有助于学诗、用诗、品诗，从而提升人性中的向善求美的潜能，塑造文质彬彬的君子人格。

经典原文

《关雎》①，后妃之德也②，风之始也③，所以风④天下而正夫妇也。故用之乡人焉⑤，用之邦国焉⑥。风，风也，教也；风以动⑦之，教以化⑧之。

诗者，志之所之⑨也，在心为志，发言为诗。情动于中而形于言，言之不足，故嗟叹之，嗟叹之不足故永歌之，永歌之不足，不知手之舞之，足之蹈之也。

情发于声，声成文谓之音⑩。治世之音安以乐，其政和；乱世之音怨以怒，其政乖⑪；亡国之音哀以思，其民困。故正得失，动天地，感鬼神，莫近于诗⑫。先王以是经⑬夫妇，成孝敬，厚人伦，美教化，移风俗。

故诗有六义⑭焉：一曰风⑮，二曰赋⑯，三曰比⑰，四曰兴⑱，五曰雅⑲，六曰颂⑳。上以风化下，下以风刺㉑上，主文而谲谏㉒，言之者无罪，闻之者足以戒，故曰风。至于王道衰，礼义废，政教失，国异政，家殊俗，而变风变雅㉓作矣。国史㉔明乎得失之迹，伤人伦之废，哀刑政之苛，吟咏情性，以风其上，达于事变而怀其旧俗者也。故变风发乎情，止乎礼义。发乎情，民之性也；止乎礼义，先王之泽也。是以一国之事，系一人之本，谓之风㉕；言天下之事，形四方之风，谓之雅㉖。雅者，正也，言王政之所由废兴也。政有小大，故有小雅焉，有大雅焉。颂者，美盛德之形容，以其成功告于神明者也㉗。是谓四始㉘，诗之至也㉙。

然则《关雎》《麟趾》之化，王者之风，故系之周公㉚。南，言化自北而南也。《鹊巢》《驺虞》之德，诸侯之风也，先王之所以教，故系之召公。《周南》《召南》，正始之道，王化之基。是以《关雎》乐得淑女，以配君子，忧在进贤，不淫其色；哀窈窕，思贤才，而无伤善之心焉。是《关雎》之义也㉛。

【注释】

①《关雎》:《诗经·国风·周南》第一首诗的篇名。

②后妃之德也:后妃,天子之妻,旧说指周文王妃太姒。此处说《关雎》是称颂后妃美德的。这种解释未免牵强附会。

③风之始也:指《关雎》为《诗经》十五国风之首。

④风:旧读去声,今读上声,用作动词,教化之意。

⑤用之乡人焉:古代一万二千五百家为一乡,"乡人",指百姓。《礼记·乡饮酒礼》载:乡大夫行乡饮酒礼时以《关雎》合乐。所以《正义》释"用之乡人"为"令乡大夫以之教其民也"。

⑥用之邦国焉:《仪礼·燕礼》载:诸侯行燕礼饮燕其臣子宾客时,歌乡乐《关雎》《葛覃》等。故《正义》释为"令天下诸侯以之教其臣也"。

⑦动:感动。

⑧化:感化。

⑨志之所之:句意为,诗乃由志而产生。志,志意、怀抱。之,《说文》释为"出也"。

⑩声成文谓之音:声,指宫、商、角、徵、羽。文,由五声和合而成的曲调。将五声合成为调,即为"音"。

⑪乖:反常。

⑫莫近于诗:莫过于诗。指诗最具有"正得失"等功能。

⑬经:常道,用作动词,意为使归于正道。

⑭六义:《诗序》"六义"说源于《周礼》"六诗",《周礼·春官·大师》载:"大师教六诗:曰风,曰赋,曰比,曰兴,曰雅,曰颂。"但因对诗与乐的关系理解有异,故二者次序有别。《正义》释"六义"为:"赋、比、兴是《诗》之用,风、雅、颂是《诗》之成形,用彼三事,成此三事,是故同称为'义'。"对于"六义",至今尚有不同的理解。

⑮风:与"雅""颂"为一组范畴,指《诗经》中的十五国风。据下文的解释,同时又含有风化、讽刺之义。

⑯赋:与"比""兴"为一组范畴,指《诗经》的铺陈直叙的表现手法。

⑰比：比喻手法。

⑱兴：起的意思，指具有发端作用的手法。朱熹《诗经集传》释为"先言他物以引起所咏之辞也"。这种发端有时兼有比喻的作用，有时只为音律上的需要，而无关乎意义。古代"兴"义幽微，历来理解颇多分歧。

⑲雅：指雅诗。据下文的解释，有正的意义，谈王政之兴废。大小雅的配乐，时称正声。

⑳颂：指颂诗。据下文的解释，有形容之意，即借着舞蹈表现诗歌的情态。清阮元《释颂》认为颂即舞诗。

㉑刺：讽刺。

㉒主文而谲谏：以委婉的言辞进行谏劝，而不直言君王之过失。

㉓变风变雅：变风，指邶风以下十三国风。变，指时世由盛变衰，即"王道衰、礼义废"等。变雅，大雅中《民劳》以后的诗，小雅中《六月》以后的诗。二者虽有个别例外，但变风变雅大多是西周中衰以后的作品，相当于上文所说的"乱世之音""亡国之音"。

㉔国史：王室的史官。

㉕"是以……谓之风"：这句是对"风"的解释。一国，指诸侯之国，与下文"雅"之所言"天下"有别，表明"风"的地方性。一人，指作诗之人。《正义》解释说："诗人览一国之意以为己心，故一国之事系此一人使言之也。"

㉖"言天下……谓之雅"：这是对"雅"的解释。《正义》说："诗人总天下之心，四方风俗，以为己意，而咏歌王政，故作诗道说天下之事，发见四方之风，所言者乃是天子之政，施齐正于天下，故谓之雅，以其广故也。"

㉗"颂者……神明者也"：这句是对"颂"的解释。此句说"颂"是祭祀时赞美君王功德的诗乐。形容，形状容貌。

㉘四始：《正义》引郑玄言："风也，小雅也，大雅也，颂也，此四者，人君行之则为兴，废之则为衰。"而司马迁《史记·孔子世家》认为："《关雎》之乱，以为风始；《鹿鸣》为小雅始；《文王》为大雅始；《清庙》为颂始。"《毛诗序》开头说《关雎》"风之始也"，实袭《史记》。

㉙诗之至也：诗之义理尽于此。

㉚ "然则……周公"：《麟趾》，即《麟之趾》，是《国风·周南》的最后一篇。《正义》说："《关雎》《麟趾》之化，是王者之风，文王之所以教民也。王者必圣周公，圣人故系之周公。"

㉛ "是以……之义也"：这句是揭示《关雎》的主题。《论语·八佾》："子曰：《关雎》乐而不淫，哀而不伤。"此处所言即本于孔子的观点。

【译文】

《关雎》这首诗，是赞美后妃的品德的，它是《诗经·国风》的第一篇，君王用它来教化普天之下的臣民，端正夫妇的伦理关系。所以用它在乡间合乐歌唱来教育百姓，用它在诸侯宴会上合乐歌唱来教育臣子。《国风》的风，是讽喻的意思，是教育的意思；以讽喻打动人民，以教育感化人民。

诗，是人的情感意志的一种表现形式，怀抱在心则为情感意志，用语言把它表现出来就是诗。情感在心里激荡，就用诗的语言来表现它，用语言还表达不尽，便用咨嗟叹息的声音来延续它，咨嗟叹息还不尽情，就放开喉咙来歌唱它，歌唱仍感不满足，于是不知不觉手舞足蹈起来。

感情表现为声音，声音组成五音的调子就叫音乐。太平时代的音乐平和而欢快，它的政治清明和顺；战乱时代的音乐饱含着怨恨和愤懑，它的政治必然乖戾；亡国时的音乐充满了哀伤和忧思，它的人民一定困苦。所以纠正政治的过失，感动天地和鬼神，没有超过诗歌的。古代的圣王就是以诗来规范夫妇关系，培养孝敬，敦厚人伦，完善教化，移风易俗。

所以诗有六种形式：一叫作风，二叫作赋，三叫作比，四叫作兴，五叫作雅，六叫作颂。天子用风诗教育感化臣民，臣民用风诗讽谏规劝天子诸侯。诗要依托事物的描绘而委婉地讽谏，写唱诗的人没有罪过，听到吟唱诗的君主应引以为戒，因此叫作"风"。到了仁政衰亡，礼义废弃，政教败坏，诸侯国各自为政，各家风俗不同的时候，变风、变雅就产生了。王室的史官看到政教败坏的状况，感伤人伦的废弃，哀痛刑罚政治的残酷苛刻，吟咏思想感情，用来讽谏天子诸侯，这是通达政事的变化而又怀念传统风俗的做法。所以变风虽发自史官和百姓的不满之情，却又不超越礼义的规范。抒发思想感情是人的天性；合乎礼义，是先王恩泽久远，人民还没有忘怀的缘故。因此一个国家的政事，通过一个人的心意表现出来，就叫它"风"。反映天下的政事，表现各国的民情风俗，就叫它"雅"。雅，是正的意思，是表现周王朝政教兴衰经过的。政教有小有大，所以有《小雅》，有《大雅》。颂，是赞美盛大功德的情状，并把这种成功禀告神灵的诗歌。这就是风、小雅、大雅、颂四种诗体的由来，是诗的典范。

　　既然如此，那么从《关雎》到《麟趾》这些教化人的诗篇，便是先王的风诗，所以归于周公名下。南的意思，是说教化是从北方岐周之地推广到南方江汉之域的。从《鹊巢》到《驺虞》这些感化人的诗篇，是诸侯的风诗，先王用它进行教化，所以归于召公名下。《周南》和《召南》这两部分风诗，是讲端正最初的伦理，是王业教化的基础。因此，《关雎》是赞美得到贤淑的女子，来匹配给君子的，而忧虑的是如何进举贤才，并非贪恋女色；怜爱静雅的美女，思念贤良的人才，却没有伤风败俗的邪念。这就是《关雎》的要义啊！

　　一句话阅读

死生契阔，与子成说。执子之手，与子偕老。

——《诗经·邶风·击鼓》

道德经（节选）

老 子

推荐者

鱼宏亮

中国社会科学院历史研究所，北京大学历史系中国古代史专业博士。主攻17世纪史、文献学、学术史、观念史，有《知识与救世：明清之际经世之学研究》《中国之美：典籍》《中国通史（明清卷）》（合著）等著作。现兼《东亚观念史集刊》（台北）编委，香港中文大学中国文化研究所荣誉研究员等学术职务。

推荐缘由

这段话是《道德经》的前两章，也是理解整部经书的重要段落。老子讲万物生成，有"道生一、一生二、二生三，三生万物"的说法，但是他并不是一味从本体论往下讲，而是处处兼顾讨论名与实、词与物的关系，可以说是从认识论入手阐述其本体论的万物生成与关系的思想。这是理解《道德经》的一个重要方面，以这段话最具代表性。对"道"的认识首先要借助于对其命名，但名又不能完全反映物，其中妨碍人认识事物的最大障碍正是人已经具有的成见和目的。所以"恒无欲也以观其妙，恒有欲也以观其徼"，指出人不怀定见，那他看到的可能是事物最玄妙的本质，而怀有特定目的就只能看到他想看到的那些东西。这段话所讲的关于道与名、名与物、物与人，有欲、无欲，有无、难易、长短、高下等事物的性质，都随着认识者的角度而有所不同，圣人不以成见介入事物，听其自然展示，不居所得，才能真正认识玄而又玄的道。应当说，这种思想在现代哲学认识论中都占有重要地位。

经典原文

　　道①，可道，非常道；名②，可名，非常名。无，名天地之始；有，名万物之母。故常无，欲以观其妙；常有，欲以观其徼③。此两者，同出而异名，同谓之玄。玄之又玄，众妙之门。

　　天下皆知美之为美，斯恶已。皆知善之为善，斯不善已。有无相生，难易相成，长短相形，高下相盈，音声相和，前后相随。恒也。是以圣人处无为之事，行不言之教；万物作而弗始，生而弗有，为而弗恃，功成而不居。夫唯弗居，是以不去。

【注释】

　　①道：指世界的本原，最根本的道理。

　　②名：万物之名称。

　　③徼：显明。

【译文】

　　"道"，如果可以用言语来表述，那它就不是永恒的"道"；"名"，如果可以用文辞去命名，那它就不是永恒的"名"。"无"，可以用来表述天地混沌未开之际的状况；"有"，则是宇宙万物产生之本原的命名。因此，要常从"无"中去观察领悟"道"的奥妙；要常从"有"中去观察体会"道"的端倪。无与有这两者，来源相同而名称相异，都可以称之为玄妙。玄妙之玄妙，是宇宙天地万物之奥妙的门径。

　　天下人都知道美之所以为美，那是由于有丑陋的存在。都知道善之所以为善，那是因为有恶的存在。所以有和无互相转化，难和易互相形成，长和短互相显现，高和下互相充实，音与声互相谐和，前和后互相接随——这是永恒的。因此圣人用无为的观点对待世事，用不言的方式施行教化；听任万物自然兴起而不为其创始，有所施为，但不加自己的倾向，功成业就而不自居。正由于不居功，就无所谓失去。

一句话阅读

上遵周孔训，旁鉴老庄言。
不唯鞭其后，亦要轫其先。

——（唐）白居易

孝经（节选）

郭振有

教育部原副总督学兼督导办主任，教育部关工委原常务副主任，中国教育学会原常务副会长，北京海淀敬德书院副院长，什刹海书院导师，中国书法家协会会员。曾师从著名书法大家欧阳中石、姚奠中、刘艺、卫俊秀等。曾编辑出版《中国历史名人楹联集》。书法作品被2008年北京奥运会组委会收藏。近年来，大力呼吁加强中小学书法教育。

推荐缘由

百善孝为先。孝是中华民族以及全球华人的传统美德和集体信仰。《孝经》乃儒家典籍"十三经"之一，该书记录了孔子与弟子曾参关于孝的问答，主要由孔子口述孝的意义和行孝方式。

《三才章第七》集中讲孝是天经地义、亘古不易之理，人人必须奉行。先王以此教化民众，使人人有孝亲之心，并由此出发，遵行道德、正义，对人恭敬、谦让，不争名利，社会和谐，这样大家就都不会违法乱纪了。

《孝治章第八》集中讲以孝治天下的思想。治国者"不敢侮于孤寡"，治家者"不敢失于臣妾"，要尊重、尊敬、谦和地对待所有的人。这样，人活着可得儿女奉养，死后可得子女祭拜。于是"天下和平，灾害不生，祸乱不作"。以孝治天下就可以取得这样的成就。

近人汤用彤先生说："中国立国首重孝悌。故教育之实，始自家庭；而道德之源，肇于孝悌。"家是最小国，国是千万家，我们华夏民族自古以来始终坚守着"家国一体"的观念，社会也从而得以稳定。当今，各种思想观念猛烈冲击着我们的传统，但"孝道"无论如何都是应该坚守的。

经典原文

三才章第七

曾子曰："甚哉，孝之大也！"子曰："夫孝，天之经①也，地之义②也，民之行③也。天地之经，而民是则④之。则天之明⑤，因地之利⑥，以顺天下⑦。是以其教不肃⑧而成，其政不严而治。先王见教⑨之可以化民也，是故先之以博爱⑩，而民莫遗其亲；陈之以德义，而民兴行。先之以敬让，而民不争⑪；导之以礼乐⑫，而民和睦；示之以好恶⑬，而民知禁。《诗》云：'赫赫师尹，民具尔瞻。'"⑭

【注释】

①天之经：是说孝道是天之道，是永恒的道理，不可变易的规律。

②地之义：是说孝道又如地之道，是合乎道理的法则，亘古不变。

③民之行：是说孝道是人之百行中最根本、最重要的品行。

④则：效法，作为准则。

⑤天之明：指天空中的日月、星辰。日月、星辰的运行更迭是有规律的，永恒的，这可以成为人们效法的典范。

⑥地之利：指大地化育万物，供给丰饶的物产。

⑦以顺天下：这里是说圣王把天道、地道、人道"三才"融会贯通，用以治理天下，天下自然人心顺从。顺，理顺，治理好。

⑧肃：指严厉的统治手段。

⑨教：这里指合乎天地之道，合乎人性人情的教育。

⑩博爱：指以孝为核心、为基础，推广开来，体现"民胞物与"精神的大爱。这与西方不问亲疏的所谓"博爱"是不能等同的。

⑪不争：指不为获得利益、好处而争斗、争抢。

⑫礼：礼仪，指处理人际关系的准则及对社会行为的各种规范。乐：音乐。

⑬好（hǎo）恶（è）：指善的行为和罪恶的行为。

⑭"赫赫"两句：语出《诗经·小雅·节南山》。

【译文】

　　曾子说："多么博大精深啊，孝道太伟大了！"孔子说："孝道，犹如天有它的规律一样，日月星辰的更迭运行有着永恒不变的法则；犹如地有它的规律一样，山川湖泽提供物产之利有着合乎道理的法则；孝道是人的一切品行中最根本的品行，是人民必须遵循的道德，人间永恒不变的法则。天地严格地按照它的规律运动，人民以它们为典范实行孝道。效法天上的日月星辰，遵循那不可变易的规律；充分利用地上的山川湖泽，获取赖以生存的物资；因势利导地治理天下。因此，对人民的教化，不需要采用严厉的手段就能获得成功；对人民的管理，不需要采用严厉的政令就能天下太平。古代的圣王看到通过教育可以感化人民，所以亲自带头，实行博爱，于是，就没有人会遗弃自己的双亲；向人民讲述德义，于是，人民觉悟了，就会主动地实行德义；亲自带头尊敬别人，谦恭让人，于是，人民就不会互相争斗抢夺；制定礼仪和音乐引导教育人民，于是，人民就能和睦相处；向人民宣传什么是好的，什么是坏的，人民能够辨别好坏，就不会违犯禁令。《诗经》里说：'威严显赫的太师尹氏啊，人民都在仰望着你啊！'"

孝治章第八

子曰："昔者明王之以孝治天下也，不敢遗小国之臣①，而况于公、侯、伯、子、男②乎？故得万国③之欢心，以事其先王④。治国者⑤，不敢侮于鳏寡⑥，而况于士民乎？故得百姓之欢心，以事其先君⑦。治家者⑧，不敢失于臣妾⑨，而况于妻子乎？故得人之欢心，以事其亲⑩。夫然，故生则亲安之⑪，祭则鬼⑫享之。是以天下和平，灾害不生，祸乱不作。故明王之以孝治天下也如此⑬。《诗》云：'有觉德行，四国顺之⑭。'"

【注释】

①小国之臣：指小国派来的使臣。小国之臣容易被疏忽怠慢，明王对他们都给予礼遇，各国诸侯来朝见天子受到款待就自不待言了。

②公、侯、伯、子、男：周朝分封诸侯的五等爵位。

③万国：指天下所有的诸侯国。万，是极言其多，并非实数。

④先王：指"明王"已去世的父祖。这是说各国诸侯都来参加祭祀先王的典礼，贡献祭品。

⑤治国者：指诸侯。

⑥鳏（guān）寡：《孟子·梁惠王下》："老而无妻曰鳏，老而无夫曰寡。"后代通常称丧妻者为鳏夫，丧夫者为寡妇。

⑦先君：指诸侯已故的父祖。这是说百姓们都来参加对先君的祭奠典礼。

⑧治家者：指卿、大夫。家，指卿、大夫受封的采邑。

⑨臣妾：指家内的奴隶，男性奴隶曰臣，女性奴隶曰妾。也泛指卑贱者。

⑩以事其亲：这是说卿、大夫因为能得到妻子、儿女，乃至奴仆、妾婢的欢心，所以全家上下都协助他奉养双亲。

⑪生则亲安之：生，活着的时候。安，安乐，安宁，安心。之，指双亲。

⑫鬼：指去世的父母的灵魂。

⑬如此：指"天下和平"等福应。

⑭"有觉"两句：语出《诗经·大雅·抑》。意思是，天子有伟大的德行，四方各国都顺从他的教化，服从他的统治。觉，大。四国，四方之国。

【译文】

孔子说："从前，圣明的帝王以孝道治理天下，即便对小国的使臣都不敢疏忽怠慢，何况对公、侯、伯、子、男这样一些诸侯呢！所以，就得到了各国诸侯的爱戴和拥护，他们都帮助天子筹备祭典，参加祭祀先王的典礼。治理封国的诸侯，就连鳏夫和寡妇都待之以礼，不敢轻慢和欺侮，何况对士人和平民呢！所以，就得到了百姓们的爱戴和拥护，他们都帮助诸侯筹备祭典，参加祭祀先君的典礼。治理采邑的卿、大夫，就连男女仆役都待之以礼，不敢使他们失望，何况对妻子、儿女呢！所以，就得到了大家的爱戴和拥护，大家都齐心协力地帮助主人，奉养他们的双亲。正因为这样，所以父母在世的时候，能够过着安乐宁静的生活；父母去世以后，灵魂能够安享祭奠。因此，天下和平，没有风雨水旱之类的天灾，也没有反叛暴乱之类的人祸。圣明的帝王以孝道治理天下，就会出现这样的太平盛世。《诗经》里说：'天子有这样伟大的道德和品行，四方之国无不仰慕归顺。'"

一句话阅读

事，孰为大？事亲为大；守，孰为大？守身为大。不失其身而能事其亲者，吾闻之矣；失其身而能事其亲者，吾未之闻也。孰不为事？事亲，事之本也；孰不为守？守身，守之本也。

——（战国）孟子

孙子兵法（节选）

孙　武

推荐者

耿成义

别署耿介耳。现任山东省教育科学研究院传统文化教育中心主任，山东师范大学兼职教授，硕士生导师。著有《成人教育学》《企业形象传播论》《现代企业教育论》等，在《东方艺术》《书法导报》《书屋》《中国出版》《编辑学刊》《当代传播》等报刊发表论文三十余篇及散论计百万余字。

推荐缘由

中国有道器之辩，倡言"大道不器""君子不器"，不屑于也不斤斤于形下功利。生长于齐文化氛围中的孙子，纵论战事谋略，不免急兵家之功，切军事之利，然而，智慧的穿透力如此之强大，使得一部军事谋略著作，充盈了哲学的光辉，映照了广大的读者。这也是《孙子兵法》之所以成为世界各领域所通习并获盛誉的原因。一篇短短的"谋攻"，充满了敌我、主客、众寡、强弱、攻守、胜败、利害形成的张力，论战而以不战为上，打击而以全其国、全其城为上，百战不以百胜为上，所战必以所知为本，此皆与老子之"不自生而长生""外其身而身存"意旨相通。倘再与《墨子》"城守篇"并相阅读，体察其意，益愈昭然有光。

经典原文

孙子曰：夫用兵之法，全国为上，破国次之；全军为上，破军次之；全旅为上，破旅次之；全卒为上，破卒次之；全伍为上，破伍次之。

是故百战百胜，非善之善者也；不战而屈人之兵，善之善者也。故上兵伐谋[①]，其次伐交[②]，其次伐兵，其下攻城。攻城之法，为不得已。修橹轒辒[③]，具器械，三月而后成；距堙，又三月而后已。将不胜其忿而蚁附之，杀士卒三分之一，而城不拔者，此攻之灾也。故善用兵者，屈人之兵而非战也，拔人之城而非攻也，毁人之国而非久也，必以全争于天下，故兵不顿而利可全，此谋攻之法也。

故用兵之法，十则围之，五则攻之，倍则分之，敌则能战之，少则能逃之，不若则能避之。故小敌之坚，大敌之擒也。

夫将者，国之辅也。辅周则国必强，辅隙则国必弱。故君之所以患于军者三：不知军之不可以进而谓之进，不知军之不可以退而谓之退，是谓縻军；不知三军之事而同三军之政，则军士惑矣；不知三军之权而同三军之任，则军士疑矣。三军既惑且疑，则诸侯之难至矣。是谓乱军引胜。

故知胜有五：知可以战与不可以战者胜，识众寡之用者胜，上下同欲者胜，以虞待不虞者胜，将能而君不御者胜。此五者，知胜之道也。故曰：知己知彼，百战不殆；不知彼而知己，一胜一负；不知彼不知己，每战必殆。

【注释】

①伐谋：指在计谋上交锋。

②伐交：指在外交上交锋。

③轒辒：轒辒车，古代攻城武器名。为四轮无底木车，上蒙牛皮抵御城上箭矢，一车可藏十人左右，人在车中推车前行，可掩护士卒抵近城墙进行攻击，但无法直接破坏城墙。

【译文】

孙子说：战争的原则是，使敌人举国降服是上策，用武力击破敌国就次一等；使敌人全军降服是上策，击败敌军就次一等；使敌人全旅降服是上策，击破敌旅就次一等；使敌人全卒降服是上策，击破敌卒就次一等；使敌人全伍降服是上策，击破敌伍就次一等。

所以，百战百胜，算不上最高明的；不通过交战就降服全体敌人，才是最高明的。所以，上等的军事行动是用谋略挫败敌方的战略意图或战争行为，其次就是用外交战胜敌人，再次是用武力击败敌军，最下之策是攻打敌人的城池。攻城，是不得已而为之，是没有办法的办法。制造大盾牌和四轮车，准备攻城的所有器具，起码得三个月。堆筑攻城的土山，起码又得三个月。如果将领难以抑制焦躁情绪，命令士兵像蚂蚁一样爬墙攻城，尽管士兵死伤三分之一，而城池却依然没有攻下，这就是攻城带来的灾难。所以善用兵者，不通过打仗就使敌人屈服，不通过攻城就使敌城投降，摧毁敌国不需长期作战。一定要用"全胜"的策略争胜于天下，从而既不使国力兵力受挫，又获得了全面胜利的利益。这就是谋攻的方法。

所以，在实际作战中运用的原则是：我十倍于敌，就实施围歼；五倍于敌，就实施进攻；两倍于敌，就要分割敌军；势均力敌则要列阵而战；略弱于敌则要组织退却；敌强我弱，就避免作战。所以，弱小的一方若死拼固守，那就会成为强大敌人的俘虏。

将帅，国家之辅助也。辅助之谋缜密周详，则国家必然强大，辅助之谋疏漏失当，则国家必然衰弱。所以，国君对军队的危害有三种：不知道军队不可以前进而下令前进，不知道军队不可以后退而下令后退，这叫作束缚军队；不知道军队的战守之事、内部事务而统理三军之政，将士们会无所适从；不知道军队战略战术的权宜变化，却干预军队的指挥，将士就会疑虑。军队既无所适从，又疑虑重重，诸侯就会趁机兴兵作难。这就是自乱其军，坐失胜机。

所以，预见胜利有五个方面：能准确判断仗能打或不能打的，胜；知道根据敌我双方兵力的多少采取对策者，胜；全国上下，全军上下，意愿一致、同心协力的，胜；以有充分准备来对付毫无准备的，胜；主将精通军事、精于权变，君主又不加干预的，胜。以上就是预见胜利的方法。所以说：了解敌方也了解自己，每一次战斗都不会有危险；不了解对方但了解自己，胜负的几率各半；既不了解对方又不了解自己，每战必败。

一句话阅读

堂上谋臣尊俎，边头将士干戈。天时地利与人和，"燕可伐欤？"曰："可。"

——（南宋）刘过

大学（节选）

于建福

国家教育行政学院教授，国家教育行政学院国学教育研究中心主任，国学经典教育联盟秘书长；兼任国际儒学联合会宣传出版委员会主任、《国际儒学研究》主编，中国孔子研究院尼山学者，中国孔子基金会学术委员，中国教育学会传统文化教育中心副主任委员。著有《孔子的中庸教育哲学》《中庸之道与文化自觉》《大学中庸初级读本》，《中国传统教育哲学》（合著），主编《四书解读》，担任《中华传统文化经典教师读本》和《中华传统文化经典诵读本》执行总主编。

推荐缘由

《大学》分经一章，传十章，乃"圣经贤传"，意旨高远，蕴含着儒家丰富的思想与智慧，是中华文化思想库中的瑰宝。《大学》以精辟的语言和成熟的思维，提出了儒家教育的宗旨、任务和路径，构建了一个完整而清晰的修己治人之道以及儒家人生教育的蓝图，成了"初学入德之门"，是国人不能不读的传世经典。

　　品读《大学》，既可为读书人指示内在的心路历程和修身功夫，涵养人格，启迪智慧，又能引领读书人奋发有为，经世济民，成就外在事功。身为龙的传人，理应潜心研读，感悟圣贤之道，领悟圣贤教诲，切己体察，身体而力行。

经典原文

　　大学之道①，在明明德②，在亲民③，在止于至善④。知止而后有定，定而后能静，静而后能安，安而后能虑，虑而后能得。物有本末，事有终始，知所先后，则近道矣。

　　古之欲明明德于天下者，先治其国；欲治其国者，先齐其家；欲齐其家者，先修其身；欲修其身者，先正其心；欲正其心者，先诚其意；欲诚其意者，先致其知；致知在格物⑤。物格而后知至，知至而后意诚，意诚而后心正，心正而后身修，身修而后家齐，家齐而后国治，国治而后天下平。

　　自天子以至于庶人，壹是⑥皆以修身为本。其本乱，而末治者否矣。其所厚者薄⑦，而其所薄者厚⑧，未之有也！

【注释】

　　①道：这里指大学的纲领和宗旨。

　　②明明德：发扬光明正大的品德。

　　③亲民：使人弃旧图新，不断进步。亲，一般当作"新"。

　　④至善：指明明德及亲民都要达到的最完美的境界。

　　⑤格物：探究事物的道理。

　　⑥壹是：都是，一切。

　　⑦所厚者薄：指该重视的不重视。

　　⑧所薄者厚：指不该重视的反而重视。

【译文】

大学的宗旨，在于弘扬光明正大的品德，在于使人弃旧图新，在于使人达到最完善的境界。知道应达到完善的境界才能够志向坚定；志向坚定才能够镇静不躁；镇静不躁才能够安然不乱；安然不乱才能够思虑周详；思虑周详才能够有所收获。每样东西都有根本有枝末，每件事情都有开始有终结。明白了本末与始终的先后次序，那就接近大学的宗旨了。

古代那些要想在天下弘扬光明正大品德的人，先要治理好自己的国家；要想治理好自己的国家，先要管理好自己的家庭和家族；要想管理好自己的家庭和家族，先要修养自身的品性；要想修养自身的品性，先要端正自己的心思；要想端正自己的心思，先要使自己的意念真诚；要想使自己的意念真诚，先要使自己获得知识；获得知识的途径在于认识、探究事物的道理。认识、探究事物的道理后，才能获得知识；获得知识后意念才能真诚；意念真诚后心思才能端正；心思端正后才能修养品性；品性修养后才能管理好家庭和家族；管理好家庭和家族后才能治理好国家；治理好国家后天下才能太平。

上自天子，下至百姓，人人都要以修养品性为根本。若这个根本被扰乱了，家庭、家族、国家、天下要治理好是不可能的。正如不分轻重，该重视的不重视，不该重视的反而重视，却想要达到目的，这也同样是不可能的！

一句话阅读

古之学者为己，今之学者为人。

——（春秋）孔子

中庸（节选）

推荐者

于建福

推荐缘由

《中庸》原本是《礼记》中的一篇。南宋时著名理学家朱熹取《礼记》中的《中庸》《大学》两篇文章单独成书，与《论语》《孟子》合为"四书"。这里所选的是《中庸》的第一章和第十章。

中庸之道的主题思想是教育人们自觉地进行自我修养、自我监督、自我教育、自我完善，把自己培养成为具有理想人格，达到至善、至仁、至诚、至道、至德、至圣、合外内之道的理想人物，共创"致中和，天地位焉，万物育焉"的"太平和合"境界。其中"慎独自修""至诚尽性"等内容，对我们为人处世、修身养性，形成正确的人生观及价值观，仍然具有很强的启示意义。

经典原文

　　天命①之谓性②，率性③之谓道④，修道⑤之谓教⑥。道也者，不可须臾⑦离也，可离非道也。是故君子戒慎⑧乎其所不睹，恐惧乎其所不闻。莫见⑨乎隐，莫显乎微。故君子慎其独⑩也。喜怒哀乐之未发，谓之中⑪；发而皆中节⑫，谓之和。中也者，天下之大本也；和也者，天下之达道也。致中和，天地位⑬焉，万物育⑭焉。

　　……

　　子路⑮问强。子曰："南方之强与⑯？北方之强与？抑而⑰强与？宽柔以教，不报⑱无道，南方之强也，君子居之。衽金革⑲，死而不厌，北方之强也，而强者居之。故君子和而不流⑳，强哉矫㉑！中立而不倚㉒，强哉矫！国有道，不变塞㉓焉，强哉矫！国无道，至死不变，强哉矫！"

【注释】

　　①天命：自然赋予人的道德、智力、体魄等方面的素质。

　　②性：天性，指人先天具有的品质或性情。

　　③率性：遵循自然生成的本性。

　　④道：道路，引申为准则、法则、规律。

　　⑤修道：按照一定的原则加强修养。

　　⑥教：教化，包括礼、乐、刑、政等。

　　⑦须臾：片刻。

　　⑧戒慎：谨慎小心。

　　⑨见：即"现"，显现。

　　⑩慎其独：独处或独自行事时小心谨慎、随时戒备，自觉严格控制自己的欲望。

　　⑪中：指不偏不倚、无过无不及的状态。

　　⑫中节：符合法度。

　　⑬位：处在正确的位置。

⑭育：成长、发育。

⑮子路：孔子的弟子，名仲由，字子路，又字季路。为人伉直，好勇力。

⑯与：即"欤"，表示疑问语气。

⑰抑：还是。而：即"尔"，你。

⑱报：报复。

⑲衽（rèn）：席子，这里用作动词，是"以……为席子"的意思。金革：指兵器和铠甲。

⑳和而不流：性情平和而不随波逐流。

㉑强哉矫：真强啊！矫，刚强、坚强的样子。

㉒倚：偏。

㉓塞：指充实于内的志向。

【译文】

　　人的自然禀赋叫作"性"，顺着本性行事叫作"道"，按照"道"的原则修养自己叫作"教"。"道"是不可以片刻离开的，如果可以离开，那就不是"道"了。所以，君子在没有人看见的地方也是谨慎的，在没人听见的地方也是有所戒惧的。越是隐蔽的地方越是明显，越是细微的地方越是显著。因此，君子在独处或独自行事时也是小心谨慎、随时戒备的。喜怒哀乐没有表现出来的时候，叫作"中"；表现出来以后符合常理，叫作"和"。"中"，是天下的根本；"和"，是大家遵循的原则。达到"中和"的境界，天地便各在其位了，万物便生长繁育了。

　　……

　　子路问什么是强。孔子说："是南方的强呢？是北方的强呢？还是你认为的强呢？用宽容柔和的精神去教育人，对于横逆无道之人也不报复，这是南方的强，品德高尚的人具有这种强。用兵器甲胄当枕席，死而后已，这是北方的强，勇武好斗的人就具有这种强。所以，品德高尚的人和顺而不随波逐流，这才是真强啊！保持中立而不偏不倚，这才是真强啊！国家政治清平时不改变志向，这才是真强啊！国家政治黑暗时坚持操守，宁死不变，这才是真强啊！"

一句话阅读

大学在先知本末，中庸当务造诚明。

——（南宋）孙应符

左传·介之推不言禄

耿成义

　　本文节选自《左传·僖公二十四年》，刻画了介之推鄙弃利禄的鲜明形象。困顿时，介之推剜肉烹汤侍奉晋公子重耳；立国后，众人争相邀功行赏，唯独介之推侧身而退。一谓无求，乃尽其仁；一谓无欲，乃成其美。古来功成而身退者，不乏其人，但多是停留在"自保"的情境下。介之推不言禄的意蕴，远超乎其上：一在存其真，故能戒贪；一在辨其伪，故能远诬；一在隐其心，故能无怨。以此看来，晋文公的伤心，是在戒惧自己，更是昭告后世。因为介之推而出现的寒食节，便有了深长的历史意味。

经典原文

晋侯①赏从亡者②，介之推③不言禄，禄亦弗及。

推曰："献公④之子九人，唯君在矣。惠、怀⑤无亲，外内弃之。天未绝晋，必将有主。主晋祀者，非君而谁？天实置⑥之，而二三子⑦以为己力，不亦诬⑧乎？窃人之财，犹谓之盗。况贪天之功，以为己力乎？下义其罪⑨，上赏其奸⑩。上下相蒙⑪，难与处矣。"

其母曰："盍⑫亦求之？以死谁怼⑬？"

对曰："尤⑭而效之，罪又甚焉！且出怨言，不食其食。"

其母曰："亦使知之，若何？"

对曰："言，身之文⑮也。身将隐，焉用文之？是求显也。"

其母曰："能如是乎？与汝偕隐。"遂隐而死。

晋侯求之，不获，以绵上为之田⑯。曰："以志⑰吾过，且旌⑱善人。"

【注释】

①晋侯：指晋文公重耳。

②从亡者：跟随重耳一起出奔的人。

③介之推：晋文公臣子，曾割自己腿上的肉给文公充饥。

④献公：晋献公，重耳之父。

⑤惠、怀：晋惠公、晋怀公。惠公是文公重耳的弟弟，是怀公的父亲。

⑥置：立。

⑦二三子：相当于"那几个人"，指跟随文公逃亡的人。

⑧诬：欺骗。

⑨下义其罪：在下来说，是赞扬不义之举。义，赞扬。

⑩上赏其奸：在上来说，是褒奖奸佞之人。

⑪蒙：欺骗。

⑫盍：何不。

⑬怼：怨恨。

⑭尤：怨尤，谴责。

⑮文：文饰。

⑯以绵上为之田：晋文公以绵上作为介之推的祭田。绵上，地名，在今山西介休县南、沁源县西北的介山之下。田，祭田。

⑰志：记，作为标志。

⑱旌：表彰。

【译文】

晋文公赏赐当时跟随他逃亡的人，介之推不去要求禄赏，而晋文公赐禄赏时也没有考虑到他。

介之推说："献公的儿子有九个，现在唯独国君还在。惠公、怀公不得人心，国内外都抛弃他们。天没有灭绝晋，所以必定会有君主。主持晋国祭祀的人，不是当今国君又是谁呢？上天实际已经安排好了的，而跟随文公逃亡的人却认为是他们的功劳，这不是欺骗吗？偷窃别人的钱财，都说是盗窃。更何况贪图天的功劳，将其作为自己的贡献呢？下面的臣子将罪过当作道义，上面的国君对奸诈的人给予奖赏。上下互相欺瞒，难以和他们相处啊。"

他的母亲说："你为什么不去向晋侯求赏呢？如果不去求，就这样死去，又能埋怨谁呢？"

回答说："一面谴责他们贪天之功，一面又学他们的样子要求封赏，罪过就更大了。既然口出怨言，就不再受用他的食禄了。"

他的母亲说："那么也让国君知道这件事，怎么样？"

回答说："言语，本是文饰自身行为的。身体将要隐居了，还用文饰它吗？如果这样做就是乞求显贵啊。"

他的母亲说："你能够这样做吗？那么我和你一起隐居。"便一直隐居到死去。

晋文公没有找到他，便用绵上作为介之推的祭田。说："用它来记下我的过失，并且表彰善良的人。"

一句话阅读

子推言避世，山火遂焚身。

四海同寒食，千秋为一人。

——（唐）卢象

左传·子产告范宣子轻币（节选）

推荐者

鱼宏亮

推荐缘由

　　春秋战国时期，礼崩乐坏，原来周王所建立的天下秩序已经发生严重的不平衡，政治势力向各霸主倾斜。而春秋争霸的主要基础就在于土地与人民，财富的占有成为诸侯国势力消长的重要因素。五霸之一的晋国的执政范宣子正是想通过权力来压迫各诸侯国进贡财富。但是春秋时期也是一个人才和物资流动相对自由的时代，残酷的争霸背后人们更向往道德文明的秩序，"德"在各国的政治斗争中占有越来越重要的地位。

　　本文是郑国大夫子产给当时的晋国执政范宣子的一封信，出自《左传·襄公二十四年》。子产的这封信简洁而逻辑严密地阐述了"德"与"财"在春秋时代政治文化中的辩证关系，指出为政者应树立"德为国家之基"的思想。因此，这篇文字是了解我国先秦时代政治文化演变的重要文献，在政治思想史上占有重要地位。

经典原文

范宣子①为政，诸侯之币②重。郑人病③之。二月，郑伯④如晋。子产⑤寓书⑥于子西⑦以告宣子，曰："子为晋国，四邻诸侯不闻令德，而闻重币，侨⑧也惑之。侨闻君子长⑨国家者，非无贿⑩之患，而无令名⑪之难。夫诸侯之贿聚于公室⑫，则诸侯贰⑬；若吾子赖⑭之，则晋国贰。诸侯贰，则晋国坏；晋国贰，则子之家坏，何没没⑮也，将焉用贿？夫令名，德之舆⑯也；德，国家之基也。有基无坏，无亦是务乎？有德则乐，乐则能久。《诗》云：'乐只君子，邦家之基。'有令德也夫！'上帝临女，无贰尔心。'有令名也夫！恕思以明德，则令名载而行之，是以远至迩⑰安。毋宁使人谓子'子实生我'，而谓'子浚⑱我以生'乎？象有齿以焚其身⑲，贿也。"宣子说⑳，乃轻币。

【注释】

①范宣子：名范匄，晋国执政大臣。

②币：帛，古代通常用作礼物。这里指诸侯向盟主晋国进献的贡品。

③病：忧虑。

④郑伯：郑简公。

⑤子产：即公孙侨，字子产，郑国卿士。

⑥寓书：传书。

⑦子西：郑国大夫。当时随从郑简公去晋国。

⑧侨：子产自称。

⑨长：治理，领导。

⑩贿：财物。

⑪令名：好的名声。

⑫公室：指晋君。

⑬贰：有二心。

⑭赖：恃，凭借。

⑮没没：沉溺，贪恋。

⑯舆：车。

⑰迩：近。

⑱浚：取。

⑲焚身：丧身。

⑳说：通"悦"，高兴。

【译文】

晋范宣子执政，诸侯去晋国聘问时按规定必须进贡重礼。郑国人对此感到忧虑。二月，郑简公到晋国去。子产托子西带信告诉范宣子，说："您治理晋国，四邻的诸侯没有听说您的美德，只听说您要很重的贡物，我对此感到困惑。我听说君子治理国家和家族，不担心没有财物，而是担忧没有好名声。诸侯的财货聚集在晋国公室，那么诸侯就会生二心。如果您贪图这些财物，那么晋国的内部就会不团结。诸侯生出二心，晋国就要受到损害；晋国内部不团结，您的家族就会受到损害。为什么要那样贪恋呢！哪里用得着财货呢？好名声，是装载德行的车子。德行，是国家和家族的基础。有了基础才不至于败坏，您不也应该致力于这个吗？有了德行就会与人同乐，与人同乐才能在位长久。《诗经》说：'快乐啊君子，是国家和家族的基础。'这就是说有美德啊！'上天在监视你，不要有二心。'这就是说有好名声啊！心存宽恕来发扬美德，那么好名声就可以四处传播，因此远方的人纷纷来到，近处的人得以安心。您是宁可让人说'您确实养活了我'，还是说'您榨取我来养活自己'呢？大象有了象牙而使自己丧生，这是因为象牙也是值钱的财货呀。"范宣子听了很高兴，就减轻了诸侯的贡品。

一句话阅读

敦诗说礼中军帅，重士轻财大丈夫。

常与师徒同苦乐，不教亲故隔荣枯。

——（唐）白居易

国语·敬姜论劳逸（节选）

推荐者

鱼宏亮

推荐缘由

　　本文选自《国语·鲁语下》。鲁国的季氏家族是执政的大夫，其擅权为包括孔子在内的世人所诟病。敬姜是公父文伯（公父歜）的母亲，她虽然是季氏家族的人，却因为这段名言而为孔子等人所称道。季康子曾经直接向其请教做人之道，敬姜以"君子能劳，后世有继"告之。因此后世也将其作为女德的楷模。清人章学诚《文史通义》"妇学"说："妇学之目，德言容功""自非娴于经礼，习于文章，不足为学"。他也极为称许敬姜的这段议论。称其为"鲁穆伯之令妻，典言垂训"。可见，作为统治者要以勤劳为训、戒绝安逸的思想有着深厚的历史基础。

经典原文

公父文伯①退朝②，朝其母，其母方绩③，文伯曰："以歜之家而主④犹绩，惧忓⑤季孙⑥之怒也。其以歜为不能事主乎？"

其母叹曰："鲁其亡乎？使僮子⑦备官⑧而未之闻耶？居⑨，吾语⑩女。昔圣王之处民⑪也，择瘠土⑫而处之，劳其民而用之，故长王⑬天下。夫民劳则思，思则善心生；逸则淫⑭，淫则忘善；忘善则恶心生。沃土之民不材⑮，逸也；瘠土之民，莫不向义，劳也。

……

今我寡也，尔又在下位⑯，朝夕处事，犹恐忘先人之业，况有怠惰，其何以避辟⑰？吾冀而⑱朝夕修⑲我，曰：'必无废先人。'尔今曰：'胡不自安？'以是承君之官，余惧穆伯⑳之绝祀也！"

【注释】

①公父文伯：鲁大夫，季悼子之孙，名歜（chù），谥号"文"。

②朝：古代朝拜君王、谒见尊者都叫朝。

③绩：纺织。

④主：主母。

⑤忓（gān）：冒犯。

⑥季孙：即季康子，当时为鲁国之正卿，也是季氏家族的大宗（即嫡长房），有约束同宗族人的权力。

⑦僮子：即童子，这里指公父文伯像小孩一样不明道理。

⑧备官：充任官职。

⑨居：指跪坐好。

⑩语：告诉。

⑪处民：安置民众。

⑫瘠土：贫瘠的土地。

⑬王：指保有王位。

⑭淫：放纵。

⑮不材：指没有才干，不成材。

⑯下位：指下大夫职位。

⑰辟：指罪责。

⑱而：你。

⑲修：告诫、提醒。

⑳穆伯：即公父穆伯，公父文伯之父。

【译文】

公父文伯退朝之后，去拜见他的母亲，他的母亲正在纺麻，文伯说："像我公父歜这样的人家还要主母亲自纺织，这恐怕会令季氏恼怒。他会认为我不能很好地侍奉母亲吧？"他的母亲叹气说："鲁国大概要灭亡了吧！让你这样不明道理的孩子做官，而你没听说过做官的道理吗？坐好，我来告诉你。过去的圣王安置百姓，故意选择贫瘠的土地让百姓定居，让百姓辛勤劳作才好发挥他们的才能，因此能够长久地保有天下。百姓劳作才会思虑集中，思虑集中就会生出善心；安逸就会令人放纵，放纵就会令人忽视善心；忽视善心就会生出不良之心。居住在肥沃土地上的百姓不能发挥自己的能力，是因为放纵；居住在贫瘠土地上的百姓，没有不向往道义的，是因为勤劳。

……

如今我寡居，你处在下大夫的职位，从早到晚认真处理事务，仍然担心丢弃了祖宗的功业，何况已有了怠惰的念头，那如何能躲避得了罪责呢！我希望你早晚提醒我说：'一定不要废弃先人的传统。'你今天却说：'为什么自己不安享晚年啊？'以这样的态度担任君王的官职，我真害怕穆伯的祭祀要断绝了啊！"

一句话阅读

　　古之圣君贤相，盖无时不以勤劳自励。为一身计，则必操习技艺，磨练筋骨，困知勉行，操心危虑，而后可以增智慧而长见识。

——（清）曾国藩

国语·舒向贺贫（节选）

推荐者

任宝菊

毕业于北京师范大学历史学院史学史专业，现为北京东方道德研究所研究员，国际儒联教育普及推广委员会委员，国学经典教育联盟副秘书长，什刹海书院学术委员，运河书院特聘教授。长期致力于中国传统文化教育的研究与普及推广工作，致力于香港中文大学新亚书院与北京东方道德研究所合作的传统文化教育师资培训工作，以及中华家训和母教文化的传播和当代传承研究。独著和参加编著的书有《中国的古籍》《廿五史导读》《我们的节日》《21世纪学校德育初探》《论语今读》《东方道德研究》《中华家训格言集锦》《家训与家族》等。

推荐缘由

本文选自《国语·晋语八》。在春秋后期，"陪臣执国政"，卿大夫与君主、卿大夫之间相互倾轧的形势下，如何安身立命？这篇"贺贫"，就是叔向给出的答案。叔向一眼看穿身为晋国正卿的韩起做官为发财的目的，指出贫以养德，小可安身齐家，大可治国平天下；反之，因贪败德，不仅个人身败名裂，还会遗祸子孙，亡国灭种。

文中"不忧德之不建，而患货之不足，将吊不暇，何贺之有"之句，可做警钟长鸣，这是廉政教育、官德教育、家风教育的极好教材。

经典原文

叔向见韩宣子①，宣子忧贫，叔向贺之。宣子曰："吾有卿之名，而无其实，无以从二三子，吾是以忧。子贺我，何故？"

对曰："昔栾武子无一卒之田②，其宫③不备其宗器④；宣其德行，顺其宪则，使越于诸侯，诸侯亲之，戎、狄怀之，以正晋国。行刑不疚，以免于难⑤。及桓子⑥，骄泰奢侈，贪欲无艺，略则⑦行志，假货居贿，宜及于难⑧；而赖武之德以没其身。及怀子，改桓之行，而修武之德，可以免于难，而离⑨桓之罪，以亡于楚。夫郤昭子⑩，其富半公室，其家半三军，恃其富宠，以泰于国。其身尸于朝，其宗灭于绛⑪。不然，夫八郤，五大夫三卿，其宠大矣；一朝而灭，莫之哀也，唯无德也。今吾子有栾武子之贫，吾以为能其德矣，是以贺。若不忧德之不建，而患货之不足，将吊⑫不暇，何贺之有？"

宣子拜，稽首⑬焉，曰："起也将亡，赖子存之。非起也敢专承之，其自桓叔⑭以下，嘉吾子之赐。"

【注释】

①叔向：羊舌氏，名肸（xī），字叔向，春秋时晋国大夫。韩宣子：名起，晋国正卿。宣子是谥号。

②栾武子：栾书，晋厉公、悼公两朝正卿，谥号"武"。一卒之田：一百顷土地（古称一百人为一卒）。大国的卿，俸禄应为一族之田（五百顷），而栾武子只有不到一百顷土地，说明为官廉洁。

③宫：居室。

④宗器：祭器。

⑤免于难：史载，厉公时，外戚胥童曾拘禁栾书胁迫厉公处死他，厉公没有听从，释放了栾书。后栾书杀死厉公拥立悼公，有弑君之罪，但悼公也未追究，故曰"免于难"。

⑥桓子：栾武子的儿子栾黡（yǎn），晋国大夫，后任下军元帅。后文提到的"怀子"，即栾盈，是栾黡的儿子。

⑦略则：违犯法纪。

⑧宜及于难：栾黡与朝中另一大势力范氏争斗多年，最后范氏被逐，栾黡幸未落败，故曰"宜及于难"。

⑨离：通"罹"，遭受，这里有受牵连的意思。

⑩郤（xì）昭子：郤至，因居功自傲，后为厉公胁迫自杀，被灭族。

⑪绛：晋国故都。在今山西翼城。

⑫吊：凭吊。

⑬稽（qǐ）首：古代一种跪拜礼，叩头至地。

⑭桓叔：名成师，号桓叔，晋穆侯之子。桓叔之子万，受封于韩邑，称韩万，韩起尊桓叔为始祖。

【译文】

叔向去见韩宣子，宣子正为自己贫穷而发愁，叔向却向他表示祝贺。宣子说："我只有正卿的虚名，而没有正卿的财产。没有钱财与诸位卿大夫来往应酬，我正为此而忧愁，你向我表示祝贺，这是什么缘故？"

叔向回答说："从前，栾武子身为正卿却没有一百顷田地，他家里连祭祀宗庙用的礼器都不齐全，但他却能传播其美德，遵守法制，声名远播。诸侯亲近他，戎、狄也归附于他，因此晋国一切走向正轨。栾武子虽然杀了厉公，却没有被国人责难，还因此免遭大难。到他儿子桓子时，骄纵自大，奢侈无度，贪得无厌，违法乱纪，任意妄为，放债取利，这种人本应罹祸遭难，却依靠其父栾武子的德行的余荫，竟得以善终。到怀子时，他一改其父桓子的做法而恢复祖父栾武子的德行，本可以免遭灾祸，但因受父亲桓子罪孽的牵连，被迫流亡楚国。另外，郤昭子，他家的财富抵得上晋国君主财产的一半，武力在全国也占了半数。然而他倚仗自己富有而骄纵，横行国内，不可一世。最后，他被杀，尸首在朝堂示众，宗族也在晋国绛都被灭。倘若不是这样，郤家先后八人担任要职，其中有五位大夫、三位卿相，他们所受的恩宠也是够大的了，但一朝被诛灭，竟没有人同情和哀悼，就是因为没有德行的缘故啊。

现今，您有栾武子的清贫，我认为您能够施行他的德行，所以向您表示祝贺。倘若您不去忧虑无法树立德行，却忧虑财产不足，我替您忧虑都来不及，还有什么祝贺可言呢？"

宣子下拜叩头说："我韩起几乎要灭亡了，全靠您保全了我，这不是我一个人敢单独承受的，恐怕我的祖宗桓叔以下的世世代代，都要感激您的恩德！"

一句话阅读

> 尊有陶潜酒，囊无陆贾金。
> 莫嫌贫活计，更富即劳心。
>
> ——（唐）白居易

庄子（节选）

庄　子

推荐者

陈　明

　　湖南长沙人，当代中国大陆"新儒家"的代表人物。中国社会科学院世界宗教研究所副研究员，首都师范大学哲学系教授。主要研究领域为中国思想史、儒家思想在历史上的作用及当代意义。著有《儒学的历史文化功能——士族：特殊形态的知识分子研究》《浮生论学——李泽厚、陈明2001年对谈录》《儒教与公民社会》等。1994年创办《原道》辑刊并任主编；2000年开始主办"原道"网站及"儒学联合论坛"网站；2004年主编"原道文丛""原道译丛"系列；2005年组建成立"中国社会科学院世界宗教研究所儒教研究中心"，后又于首都师范大学成立"儒教研究中心"。

推荐缘由

　　庄子，似可称为先秦诸子中言辞最犀利者。这位言极冷心极热的逍遥智者，文字更是一等一的功夫，恢诡谲怪、广大精微，皆是信手拈来。以见识而论，庄子可称传统思想家中最深邃者；以文章而论，他又能以极富韵律的词句，展现本非象形文字所长的严密逻辑：其文灯下读来，辗转绵密，宛然畅快，所谓文字的快感，于之毕矣。而今日读《庄子》，除了能够领略其文章之美外，更是了解中国传统思想之大端——道家的上佳门径。

经典原文

世之所贵道者①，书也，书不过语，语有贵也。语之所贵者，意也，意有所随②。意之所随者，不可以言传也，而世因贵言传书。世虽贵之，我犹不足贵也，为其贵非其贵也。故视而可见者，形与色也；听而可闻者，名与声也。悲夫，世人以形色名声为足以得彼之情③！夫形色名声果④不足以得彼之情，则知者不言，言者不知，而世岂识之哉！

【注释】

①世之所贵道者：世人用来尊贵、重视道的方式。

②随：追随、指向。

③得彼之情：得，获得、了解。彼，指道。情，指实际情状。

④果：果然，确实。

【译文】

世人用来重视道的方式，就是重视书，书不过是语言的载体，语言有值得重视的地方。语言所值得重视的地方，在于意义，意义是有指向的。意义所指向的，是无法用语言说清楚的，而世人因为重视语言而传播书册。世人虽然重视它们，我却认为它们不值得被宝贵，因为它们的宝贵之处不是自身的宝贵。因此视觉可见的，是形状和颜色；听觉可知的，是名称和声音。可悲啊，世人以为靠形状、颜色、名称、声音就足以了解道的真实！正因为形状、颜色、名称、声音确实不足以了解道的真实，所以懂得道的真实的人不谈论道的真实，而谈论的人不懂得道的真实，而世人怎么能认识到这点呢！

一句话阅读

以身殉道不苟生，道在光明照千古。

——（南宋）文天祥

孟子（节选）

孟　子

推荐者

梁　涛

中国人民大学国学院副院长，教授，博士生导师，《国学学刊》执行主编。教育部"长江学者"特聘教授，山东省"泰山学者"特聘教授。主要从事中国哲学史、儒学思想史、经学思想史、出土简帛研究，出版《郭店竹简与思孟学派》《亲亲相隐与二重证据法》《孟子解读》《儒家道统说新探》等。主讲课程有中国思想史研究、《论语》研读、《孟子》研读、老庄研读、先秦诸子概论等。

推荐缘由

本文选自《孟子·公孙丑上》。孟子在此讨论仁政，提出仁政的基础在于每个人都具有的"不忍人之心"，将性善论与仁政结合在一起，是孟子思想的重要篇章。孟子开宗明义提出，每个人都有不忍人之心，先王将这种不忍人之心运用到政治上，便有了不忍人之政，也就是仁政。需要说明的是，孟子这里所举，乃是一个"示例"，而非一个例证。孟子举出此例，其目的是让每个人置身其中，设身处地，反省到自己亦必生"怵惕恻隐之心"，并援之以手，更进一步反省到自己以往的生活中亦有过众多类似的经历，从而洞见不忍人之心的存在。孟子正是在这个意义上讲，没有恻隐、羞恶、辞让、是非之心的，就不是人了。

在肯定了人有不忍人之心后，孟子又讨论了恻隐、羞恶、辞让、是非四端之心与仁义礼智四德的关系。并进而指出，如果能扩充四端，便可以保有天下；如果不扩充四端，连家室也保不住。所以，孟子虽然肯定人有良知、良能，有先天的四端之心，但更强调对其扩而充之、后天培养，这是理解孟子性善论的关键。

经典原文

孟子曰："人皆有不忍人之心①。先王有不忍人之心，斯有不忍人之政矣。以不忍人之心，行不忍人之政，治天下可运之掌上。所以谓人皆有不忍人之心者，今人乍②见孺子将入于井，皆有怵惕③恻隐④之心。非所以内交⑤于孺子之父母也，非所以要誉⑥于乡党朋友也，非恶其声而然也。由是观之，无恻隐之心，非人也；无羞恶之心，非人也；无辞让之心，非人也；无是非之心，非人也。恻隐之心，仁之端⑦也；羞恶之心，义之端也；辞让之心，礼之端也；是非之心，智之端也。人之有是四端也，犹其有四体也。有是四端而自谓不能者，自贼者也；谓其君不能者，贼其君者也。凡有四端于我⑧者，知皆扩而充之矣，若火之始然⑨，泉之始达。苟能充之，足以保⑩四海；苟不充之，不足以事父母。"

【注释】

①不忍人之心：怜悯心，同情心。

②乍：突然、忽然。

③怵惕：惊惧。

④恻隐：哀痛，同情。

⑤内（nà）交：即结交。内，同"纳"。

⑥要（yāo）誉：博取名誉。要，同"邀"，求。

⑦端：开端，起源。

⑧我：指自己。

⑨然：同"燃"。

⑩保：定，安定。

【译文】

　　孟子说："每个人都有同情、怜悯别人的心理。先王由于同情、怜悯别人的心理，所以才有同情、怜悯百姓之政。以这种同情、怜悯别人的心理，去施行同情、怜悯百姓的政治，治理天下就容易得像在手掌上运转东西一样。我之所以说每个人都有同情、怜悯别人之心，是因为如果有人突然看见一个小孩要跌进井里，必然会产生惊惧同情的心理，这并不是由于想去和孩子的父母结交，也不是因为想在乡邻朋友中博取声誉，更不是因为厌恶这孩子的哭叫声才这样。因此，一个人如果没有同情心，简直不是人；没有羞耻心，简直不是人；没有谦让心，简直不是人；没有是非心，简直不是人。同情心是仁的发端；羞耻心是义的发端；谦让心是礼的发端；是非心是智的发端。人具有这四种发端，就像有四肢一样。有了这四种发端却自认为无能为力，是自暴自弃的人；认为他的君主无能为力，是厌弃君主的人。凡是有这四种发端的人，知道都要扩大充实它们，就像火刚刚开始燃烧，泉水刚刚开始流淌，如果能够扩充它们，便足以安定天下，但如果不能够扩充它们，就连赡养父母都成问题。"

一句话阅读

> 渊深而鱼生之，山深而兽往之，人富而仁义附焉。
>
> ——（西汉）司马迁

荀子·大略（节选）

荀 子

推荐者

梁　涛

推荐缘由

　　《荀子·大略》是荀子学生对荀子言论的汇编，各段文字较短，内容多不连贯，与其他各篇的议论文体有所不同，故称"大略"。《大略》涉及的内容较为广泛，其中礼仍是其主要讨论的问题，认为社会政治生活应当"以礼为表"，把礼作为衡量一切的标准。但提出"礼以顺人心为本，故亡于《礼经》而顺人心者，皆礼也"，较之其他篇多强调礼的外在约束是一个发展。文中的一些观点多与子思、孟子相近，而与《荀子》其他各篇有所不同，如"人主仁心设焉，知其役也，礼其尽也。故王者先仁而后礼"，"维予从欲而治"等，文中还记载了孟子的事迹，至于"天之生民非为君也，天之立君以为民也"的主张，更是对孟子民本思想的进一步发展。故《大略》可能包括了荀子晚年以及其后学的观点，反映了荀子思想的某些变化。

经典原文

　　子贡问于孔子曰："赐①倦于学矣，愿息②事君。"孔子曰："诗云：'温恭朝夕，执事有恪③。'事君难，事君焉可息哉！""然则赐愿息事亲。"孔子曰："诗云：'孝子不匮，永锡尔类④。'事亲难，事亲焉可息哉！""然则赐愿息于妻子。"孔子曰："诗云：'刑于寡妻，至于兄弟，以御于家邦⑤。'妻子难，妻子焉可息哉！""然则赐愿息于朋友。"孔子曰："诗云：'朋友攸摄，摄以威仪⑥。'朋友难，朋友焉可息哉！""然则赐愿息耕。"孔子曰："诗云：'昼尔于茅，宵尔索绹，亟其乘屋，其始播百谷⑦。'耕难，耕焉可息哉！""然则赐无息者乎？"孔子曰："望其圹⑧，皋如⑨也，巅如⑩也，鬲如⑪也，此则知所息矣。"子贡曰："大哉，死乎！君子息焉，小人休焉。"

【注释】

　　①赐：子贡的名，子贡姓端木，名赐，字子贡。

　　②息：休息、停止。

　　③温恭朝夕，执事有恪：出自《诗经·商颂·那》，大意是早晚温和恭敬，做事周到认真。

　　④孝子不匮，永锡尔类：出自《诗经·大雅·既醉》，大意是孝子不会匮乏，上天会赐福给这样的人。锡，同"赐"。

　　⑤刑于寡妻，至于兄弟，以御于家邦：出自《诗经·大雅·思齐》，大意是给自己的妻子做榜样，再影响到兄弟，以此来治理好家国。

　　⑥朋友攸摄，摄以威仪：出自《诗经·大雅·既醉》，大意是用什么来聚合朋友，用威严庄重的仪容来聚合。攸，所。摄，收摄、聚拢。

　　⑦昼尔于茅，宵尔索绹，亟其乘屋，其始播百谷：出自《诗经·国风·豳风·七月》，大意是白天割茅草，夜里搓绳索，赶紧上房修屋，开春播种百谷。

　　⑧圹：墓穴。

　　⑨皋如：形容高高的样子。

⑩嵮如：嵮，通"填"，墓穴被土填满的样子。

⑪鬲如：指与外界隔绝的样子。

【译文】

　　子贡问孔子说："我对学习感到厌倦了，希望停止学习去侍奉君主。"孔子说："《诗经》上说：'早晚温和又恭敬，做事认真又谨慎。'侍奉君主不容易，侍奉君主怎么可以停止学习呢？"子贡说："这样的话，那么我希望停止学习去侍奉父母。"孔子说："《诗经》上说：'孝子不会匮乏，上天才会赐福你。'侍奉父母不容易，侍奉父母怎么可以停止学习呢？"子贡说："这样的话，那么我希望停止学习去娶妻生子。"孔子说："《诗经》上说：'先给妻子做榜样，然后影响到兄弟，以此治理家和邦。'养育妻儿不容易，养育妻儿怎么可以停止学习呢？"子贡说："这样的话，那么我希望停止学习去结交朋友。"孔子说："《诗经》上说：'如何能够聚合朋友，用威严庄重的仪容来聚合。'和朋友在一起不容易，在朋友那里怎么可以停止学习呢？"子贡说："这样的话，那么我希望停止学习去耕种。"孔子说："《诗经》上说：'白天割茅草，夜里搓绳索，急忙登屋修屋顶，开春开始播种。'耕种不容易，耕种怎么可以停止学习呢？"子贡说："这样的话，那么我就永远没有停止学习的时候了吗？"孔子说："远望那个坟墓，高高的，被土填满，与世隔绝，这就是停息的时候。"子贡说："死亡的意义可真伟大啊！君子在这里休息（指至死学习才结束），小人在这里停止。"

一句话阅读

学向勤中得，萤窗万卷书。
三冬今足用，谁笑腹空虚。

——（北宋）汪洙

荀子·解蔽（节选）

荀 子

推荐者

钱　逊

　　江苏无锡人。国际儒学联合会、中国哲学史学会、中华炎黄文化研究会、中国孔子基金会、中华孔子学会等学术团体理事。主要研究方向为先秦儒学、中国古代人生哲学。著有《论语浅解》《先秦儒学》《中国古代人生哲学》《中国传统道德》《推陈出新——传统文化在现代的发展》及论文若干篇。

推荐缘由

　　《解蔽》是《荀子》中的一篇。荀子在这一篇中提出了一个关于人的认识的重要问题：要避免片面性。他说："凡人之患，蔽于一曲，而暗于大理。"人们的通病是为片面、局部的认识所遮蔽，而看不见全体的大理。文中他指出了常见的"蔽于一曲"的表现，分析了产生蔽的原因，以及如何避免蔽的方法。荀子认为，从主观的方面说，在不同意见的争论中，人们总以为自己正确，不愿听到赞扬他人正确和批评自己不对的话，这就免不了会"蔽于一曲"，陷入片面性。从客观的方面说，"凡万物异，则莫不相为蔽"，事物都有不同的方面，单举一点不足以说明事物和道的全部。只注意一面就会产生蔽，看不到全体大理。他提出认识要"虚一而静"的要求：要能放下成见，不因已有的认识影响对新事物的认识；要专一，不要被对其他事物的认识影响对此事物的认识；要静，不因梦想或胡思乱想影响对事物的认识。这些对于我们正确认识事物，特别是警惕和避免片面性，有着重要意义。

经典原文

凡人之患，蔽于一曲，而暗于大理。治则复经①，两疑则惑矣。天下无二道，圣人无两心②。今诸侯异政，百家异说，则必或是或非，或治或乱。乱国之君，乱家之人，此其诚心莫不求正而以自为也，妒缪③于道，而人诱其所迨④也。私其所积，唯恐闻其恶也。倚其所私，以观异术，唯恐闻其美也。是以与治虽走，而是己不辍也。岂不蔽于一曲而失正求也哉？

心不使焉，则白黑在前而目不见，雷鼓在侧而耳不闻，况于使者⑤乎！德⑥道之人，乱国之君非之上，乱家之人非之下，岂不哀哉？

故⑦为蔽：欲为蔽，恶为蔽；始为蔽，终为蔽；远为蔽，近为蔽；博为蔽，浅⑧为蔽；古为蔽，今为蔽。凡万物异，则莫不相为蔽⑨，此心术之公患也。

【注释】

①治：治理。这里是纠正的意思。复经：指恢复正常的大道理。

②天下无二道，圣人无两心：天下大道理只有一条，圣人只坚持真理。

③缪：通"谬"，此指对道的理解错误又荒谬。

④迨：通"怡"，喜爱。

⑤使者：根据上下文，疑为"蔽者"，即被蒙蔽的人。

⑥德：通"得"。

⑦故：即"胡"，何。

⑧浅：浅陋，指见闻少。

⑨相为蔽：交互造成蒙蔽，指一个侧面掩盖了另一个侧面。

【译文】

大凡人的毛病，是被事物的某一个局部所蒙蔽而不明白全局性的大道理。纠正毛病就能回到正道上来，在偏见与大道理两者之间拿不定主意就会疑惑。天下不会有两种对立的正确原则，圣人不会有两种对立的思想。现在各诸侯国的政治措施不同，各个学派的学说不同，那么必定是有的对有的错，有的能导致安定有的会造成混乱。搞乱国家的君主，搞乱学派的学者，这些人的真心没有不想找一条正道来为自己服务，只是由于他们对正确的原则既嫉妒又带有偏见，因而别人就能根据他们的爱好去引诱他们。他们偏爱自己平时积累的学识，只怕听到对自己学识的非议。他们凭自己所偏爱的学识去观察与自己不同的学说，只怕听到对异己学说的赞美。因此，他们与正确的治理原则背道而驰却还一直自以为是，不知悔改。这难道不是被事物的一个局部所蒙蔽而失去了对正道的追求吗？

如果心思不用在正道上，那么就算黑白摆在面前而眼睛也会看不见，雷鼓之声响于耳畔也会听不见。更不要说那些被蒙蔽的人了。得了"道"的人，搞乱国家的君主在上面非难他，搞乱学派的学者在下面非难他，这难道不是很可悲的吗？

哪些方面或哪些东西会使人受到蒙蔽呢？欲望会造成蒙蔽，憎恶也会造成蒙蔽；只看到开始会造成蒙蔽，只看到终了也会造成蒙蔽；只看到远处会造成蒙蔽，只看到近处也会造成蒙蔽；只看到广博的一面会造成蒙蔽，只看到浅陋的一面也会造成蒙蔽；只了解古代会造成蒙蔽，只知道现在也会造成蒙蔽。大凡事物有不同的对立面的，无不会交互造成蒙蔽，这是人的心理或思想方法上的一个通病啊。

一句话阅读

人须有为己之心，方能克己，能克己，方能成己。

——（明）王阳明

韩非子·五蠹（节选）

韩 非

推荐者

陈　明

推荐缘由

　　先秦百家之中，法家是倡导变法以因应战国新局的急先锋。韩非子作为先秦法家思想的集大成者，其思想之深刻严密是毋庸置疑的。然而在百家争鸣、口舌争锋的时代，口吃似乎成了韩非子的致命缺陷，但因此所造就的《韩非子》之雄文，却又成了后世文学的典范。其文字的背后，则是韩非子对于现实的敏锐观察，如今读来，似乎仍可相合。千百年来，中国传统思想，一直以儒道为宗，今时今日，不妨也读读《韩非子》，以补对传统认识之不足。

经典原文

是故乱国之俗：其学者，则称先王之道以籍①仁义，盛容服而饰辩说，以疑②当世之法，而贰③人主之心；其言谈者，为设诈称④，借于外力，以成其私，而遗社稷之利；其带剑者，聚徒属、立节操，以显其名，而犯五官之禁；其患御⑤者，积于私门，尽货赂，而用重人之谒⑥，退汗马之劳⑦；其商工之民，修治苦窳⑧之器，聚弗靡⑨之财，蓄积待时，而侔⑩农夫之利。此五者，邦之蠹也。人主不除此五蠹之民，不养耿介⑪之士，则海内虽有破亡之国、削灭之朝，亦勿怪矣。

【注释】

①籍：通"借"，借用、利用。

②疑：使疑惑。

③贰：使产生二心。

④为设诈称：指虚假的名称、说法。为，通"伪"。

⑤患御：指害怕服兵役。御，抵御敌人，借指当兵。

⑥重人之谒：重臣的请托。谒，拜谒，这里指请托。

⑦汗马之劳：指当兵服役之事。

⑧苦窳（yǔ）：意思是粗糙质劣。苦，通"盬"，不坚固。窳，粗劣。

⑨弗靡：奢侈。

⑩侔（móu）：等同。

⑪耿介：正直。

【译文】

因此造成国家混乱的风气是：那些著书立说的人，称引先王之道而利用仁义道德，仪容服饰华丽而文饰巧辩言辞，来扰乱当今的法令，来动摇君主的心思；那些言谈者（纵横家），假设名目，借助于国外势力，以达到私人目的，而舍弃了国家利益；那些带剑的游侠，聚集党徒，标榜气节，以显扬身名，肆意触犯国家禁令；那些逃避兵役的人，依附于私人门下，尽力行贿，而借助于重臣的请托，逃避从军作战的劳苦；那些工商业者，制造粗劣器具，积累奢侈资财，囤积居奇，待机出售，却能获得和农民劳作相同的回报。上述这五种人，都是国家的蛀虫。君主如果不除掉这五种像蛀虫一样的人，不培养刚直不阿的人，那么天下即使出现破败沦亡的国家、地削名除的朝廷，也不足为怪了。

一句话阅读

　　欲成方圆而随其规矩，则万事之功形矣，而万物莫不有规矩，议言之士，计会规矩也。

——（战国）韩非子

楚辞·渔父

屈 原

推荐者

张之锋

北京大学哲学博士。现任教于中央民族大学哲学与宗教学学院。出版专著《柏拉图理想人格思想研究》。近十年来致力于中国古代蒙学教育与中国传统文化的研究与普及工作。

推荐缘由

《渔父》是一篇匠心独具的文章，通过设计屈原和一位渔父的对话，生动地表达了一种人生价值观。渔父代表一种"山林路线"的价值取向，即身处乱世，而不妨韬光养晦，和光同尘，以求独善其身；而屈原代表一种"庙堂路线"的精神追求，即面对天下无道，依然独清独醒，忧患家国，保持清白，不愿同流合污。这两种价值路线早在老子和孔子那里就已经形成，大体上代表了儒家和道家的精神宗旨；后世的中国士人深受这两种精神之影响，但又并没有把两者截然对立起来，大多把儒道思想圆融互补，从容自如地行走在山林和庙堂之间，以出世的心情做入世的事业，演绎出历代拯救与逍遥的精彩人格。

经典原文

屈原既放，游于江潭，行吟泽畔；颜色憔悴，形容枯槁。渔父见而问之曰："子非三闾大夫①与？何故至于斯？"

屈原曰："举世皆浊我独清，众人皆醉我独醒，是以见放②。"

渔父曰："圣人不凝滞于物，而能与世推移。世人皆浊，何不淈③其泥而扬其波？众人皆醉，何不餔其糟而歠其醨④？何故深思高举⑤，自令放为？"

屈原曰："吾闻之：新沐⑥者必弹冠，新浴⑦者必振衣，安能以身之察察⑧，受物之汶汶⑨者乎？宁赴湘流，葬身于江鱼之腹中，安能以皓皓⑩之白，而蒙世俗之尘埃乎？"

渔父莞尔而笑，鼓枻⑪而去。歌曰："沧浪⑫之水清兮，可以濯吾缨⑬；沧浪之水浊兮，可以濯吾足。"遂去，不复与言。

【注释】

①三闾（lú）大夫：楚国官职名，掌管教育楚国王族屈、景、昭三姓宗族子弟。屈原曾任此职。

②是以见放：是，这。以，因为。见，被。

③淈（gǔ）：搅浑。

④餔（bū）：吃。糟：酒糟。歠（chuò）：饮。醨（lí）：薄酒。

⑤高举：高出世俗的行为。在文中与"深思"都是渔父对屈原的批评，有贬义，指其在行为上自命清高。举，举动。

⑥沐：洗头。

⑦浴：洗身，洗澡。

⑧察察：洁白的样子。

⑨汶汶：污浊的样子。

⑩皓皓：洁白的或高洁的样子。

⑪鼓枻（yì）：摇摆着船桨。鼓，拍打。枻，船桨。

⑫沧浪：水名，汉水的支流，在湖北境内。或谓沧浪为水清澈的样子。

⑬缨：系冠的带子，以二组系于冠，在颔下打结。

【译文】

屈原被放逐以后，在沅江岸边漫游，在大泽边上一边行走一边吟唱，脸色憔悴，身体枯瘦。渔父看见他，问道："你不是三闾大夫吗？为何到了这种地步？"

屈原说："世上的人都混浊，唯独我清白。众人都喝醉了，唯独我清醒，所以被放逐了。"

渔父说："圣人不死板地对待事物，而能随着世道一起变化。世上的人都混浊，你为什么不搅乱泥沙扬起水波同流合污呢？众人都喝醉了，你为什么不也去吃酒糟喝薄酒一同烂醉呢？为什么要思虑深远，行为高尚，让自己遭到放逐呢？"

屈原说："我听说，刚刚洗过头发的人，一定要掸去帽子上的尘土，刚刚洗过澡的人，一定要抖掉衣服上的灰尘。怎能让自己洁白的身子，受到脏东西的玷污？我宁肯跳入湘水，葬身江鱼的腹中。怎能让高洁的品质沾染上世俗的污垢呢？"

渔父微微一笑，用桨敲击着船舷而离去，唱道："沧浪之水清兮，可以濯吾缨；沧浪之水浊兮，可以濯吾足。"于是自顾离去，不再和屈原说话。

一句话阅读

使骐骥可得系而羁兮，岂云异夫犬羊？

——（西汉）贾谊

登徒子好色赋（节选）

宋　玉

推荐者

李庆本

　　北京语言大学比较文学与世界文学学科负责人，人文学院教授，博士生导师，中华炎黄文化研究会副秘书长、学术委员会副主任。主要从事文艺美学、比较诗学的跨文化研究，并致力于中国文化思想史、学术史的研究。曾在国内外重要学术刊物发表100余篇学术论文，出版学术著作10余部，主要有：《20世纪中国浪漫主义美学》《跨文化阐释的多维模式》等。

推荐缘由

　　《登徒子好色赋》的作者宋玉，是屈原之后最重要的辞赋家之一，文学史上常"屈宋"并称。我之所以向大家推荐此赋，主要是因为这部作品在描绘女性形象方面的重大贡献。作者在正面描绘女性形象的同时，又巧妙地运用烘托的手法来突出其美色所产生的效果和影响。如作者在描写东家之子的美丽时，先是说她

"东家之子，增之一分则太长，减之一分则太短；着粉则太白，施朱则太赤"，极言其美丽已达到极致，此就整体效果而言；接着正面刻画她"眉如翠羽，肌如白雪；腰如束素，齿如含贝"，这样的刻画是继承了《诗经·卫风·硕人》中以比喻刻画女性之美的手法；最后作者以侧面烘托的手法写道："嫣然一笑，惑阳城，迷下蔡。"这是写东家之子的美丽所产生的影响。这样的描写，层次分明，摇曳多姿。特别是以侧面烘托来描写女性美丽的写作手法，成为中国文学史上的一个惯例，不断为后人所仿效。如乐府民歌《陌上桑》在描写采桑女罗敷的美貌时，也采用了同样的手法。

经典原文

　　王以登徒子之言问宋玉。玉曰："体貌闲丽，所受于天也；口多微辞，所学于师也；至于好色，臣无有也。"王曰："子不好色，亦有说乎？有说则止①，无说则退。"玉曰："天下之佳人莫若楚国，楚国之丽者莫若臣里，臣里之美者莫若臣东家之子②。东家之子，增之一分则太长，减之一分则太短；着③粉则太白，施朱④则太赤；眉如翠羽，肌如白雪；腰如束素⑤，齿如含贝；嫣然一笑，惑阳城，迷下蔡⑥。然此女登墙窥臣三年，至今未许⑦也。登徒子则不然：其妻蓬头挛⑧耳，龁唇历齿⑨，旁行踽偻⑩，又疥且痔⑪。登徒子悦之，使有五子⑫。王孰察之⑬，谁为好色者矣。"

【注释】

　　①止：与下文"退"相对，指留下。

　　②东家之子：东边邻家的女儿。

　　③着（zhuó）：搽。

　　④施朱：涂胭脂。

　　⑤束素：一束白色生绢。这是形容腰细。

　　⑥惑阳城，迷下蔡：使阳城、下蔡两地的男子着迷。阳城、下蔡是楚国贵族

封地。

⑦未许：不同意，没有答应。

⑧挛（luán）：卷曲。

⑨龂（yàn）唇历齿：稀疏又不整齐的牙齿露在外面。龂，牙齿外露的样子。历齿，形容牙齿稀疏不整齐。

⑩旁行：因脚跛而侧身行走。踽（jǔ）偻（lóu）：驼背。

⑪又疥且痔：长满了疥疮，且生了痔疮。

⑫使有五子：使她生有五个儿女。

⑬孰察：仔细端详。孰，通"熟"。

【译文】

楚王拿登徒子的话去质问宋玉，宋玉说："容貌俊美，这是上天所生；善于言词辩说，是从老师那里学来的；至于贪爱女色，下臣则绝无此事。"楚王说："你不贪爱女色确有道理可讲吗？有道理讲就留下来，没有理由可说便离去。"宋玉于是辩解道："天下的美女，没有谁比得上楚国女子，楚国女子之美丽者，又没有谁能超过我家乡的美女，而我家乡最美丽的姑娘还得数我东边邻居家那位小姐。东邻那位小姐，论身材，若增加一分则太高，减掉一分则太矮；论其肤色，若涂上脂粉则嫌太白，涂上朱红又嫌太赤。她那眉毛有如翠鸟之羽毛，肌肤像白雪一般莹洁，腰身纤细如一束素帛，牙齿整齐有如一连串小贝。甜美地一笑，足可以使阳城和下蔡一带的人们为之着迷。这样一位姿色绝伦的美女，趴在墙上窥视我三年，而我至今仍未答应和她交往。登徒子却不是这样，他的妻子蓬头垢面，耳朵卷曲，牙齿外露且稀疏不齐，弯腰驼背，走路一瘸一拐，又患有疥疾和痔疮。这样一位丑陋的妇女，登徒子却非常喜爱她，并且生有五个孩子。请大王明察，究竟谁是好色之徒呢？"

一句话阅读

手如柔荑，肤如凝脂，领如蝤蛴，齿如瓠犀。螓首蛾眉，巧笑倩兮，美目盼兮。

——《诗经·卫风·硕人》

阴符经

推荐者

肖永明

湖南武冈人。湖南大学岳麓书院院长、二级教授、博士生导师，主要从事中国思想文化史研究，兼任教育部历史学科教学指导委员会委员。2015年入选中宣部文化名家暨"四个一批"人才，2016年入选中组部"万人计划哲学社会科学领军人才"。主持国家社会科学基金重大项目《中国"四书"学史》，国家哲学社会科学基金一般项目2项，出版著作7部。在《中国史研究》《中国哲学史》等海内外学术刊物发表论文100多篇。

推荐缘由

《阴符经》作为中国思想史上的经典文献，曾受到道、儒、释各家学者的高度重视。《阴符经》推阐"天道"，贯通天人之际，强调人在后天的修行中应遵循天运自然造化之道，体认阴阳消长生死之理。《阴符经》所蕴含的丰富哲理，不仅对个人品性修养有所裨益，而且在协调物我、治国理政等方面皆有重要的参考价值。

经典原文

上篇·神仙抱一演道章第一

观天之道，执天之行，尽矣。

天有五贼①，见②之者昌。

五贼在心，施行于天。

宇宙在乎手，万化生乎身。

天性人也，人心机也。立天之道，以定人也。

天发杀机，移星易宿；地发杀机，龙蛇起陆；人发杀机，天地反覆；天人合发，万化定基。

性有巧拙，可以伏藏。九窍之邪，在乎三要，可以动静。

火生于木，祸发必克；奸生于国，时动必溃。知之修炼，谓之圣人。

中篇·富国安民演法章第二

天生天杀，道之理也。天地万物之盗，万物人之盗，人万物之盗。三盗既宜，三才既安。

故曰食其时，百骸理；动其机，万化安。人知其神之神，不知其不神之所以神也。

日月有数，大小有定，圣功生焉，神明出焉。

其盗机也，天下莫能见，莫能知。君子得之固躬，小人得之轻命。

下篇·强兵战胜演术章第三

瞽者善听，聋者善视。绝利一源，用师十倍。三返昼夜，用师万倍。

心生于物，死于物，机在目。

天之无恩而大恩生。迅雷烈风莫不蠢然。至乐性余，至静性廉。天之至私，用之至公。

禽之制在气。生者死之根，死者生之根。恩生于害，害生于恩。

愚人以天地文理圣，我以时物文理哲。人以愚虞③圣，我以不愚虞圣；人以期其圣，我以不期其圣。故曰：沉水入火，自取灭亡。

自然之道静，故天地万物生。天地之道浸，故阴阳胜。阴阳相推而变化顺矣。是故圣人知自然之道不可违，因而制之至静之道，律历所不能契。爰有奇器，是生万象，八卦甲子，神机鬼藏。阴阳相胜之术，昭昭乎进乎象矣。

【注释】

①五贼：即五行。贼，原意是伤残，毁坏。这里指五行中的有关规律被打乱之后，相互间就遭到伤残和毁坏。

②见：认识并懂得利用。

③虞：预料、揣度。

【译文】

上篇·神仙抱一演道章第一

认识和领悟宇宙的规律，以天道为人道的法则，那么一切问题都迎刃而解了。

天地间存在着五行相克相生的规律，只有认识并懂得利用这个规律，人类社会才能够繁衍昌盛。

把五行相生相克规律掌握在心中，运用到自然界和人类社会发展规律的实践中去。

人的手指就好像是一个小的宇宙掌握在手上，万物生于身上。

天性即人性，人性即天机，天人合一。掌握和根据天道自然运行规律的目的，是为了稳定和满足人类生存发展的需要。

宇宙灾变，星移斗转，蔽日遮天；大地灾变，鬼怪横行，沧海桑田；人间灾变，祸患连连，动荡不安。若是人合天机同发，则万物将在一个新的基础上定下来。

人性中有巧有拙，可以显现，也可匿藏。人身上有九个可能招邪致祸的孔窍，最主要的是眼、耳、口这三个方面，适当的时候使它能动则动，能静则静。

从木头中提取的火种，火燃烧起来木头就变成灰烬了。奸贼产生于朝廷之中，若奸贼得逞则国家就要灭亡。懂得了这个道理，就要早做准备，防患于未然。这就是圣人。

中篇·富国安民演法章第二

从无到有，生生死死，这就是宇宙固有的规律和法则。天地是万物的盗取者，万物是人的盗取者，人是万物的盗取者。假若天地、人类和万物能够和谐相处，这三方面就会相安无事。

所以说：人的一饮一食有度有序，则四肢百骸都能够正常生长发育。按照事物的发展规律，把握适合的时机开始行动，则万事万物的生成变化就会平安顺利。人们知道他在顺境时是神乎其神、英明威武的神态，并不知道他在逆境时为何也是神秘奇妙而又高深莫测的神奇！

天地日月运行不已，自有法则定数，万事万物成大成小，自有规律可循，深悟其道，神明的智慧就产生了，伟大的功业就出现了。

那窃取“天地人”利益的关键，没有谁能看得见，能知道的。君子掌握了这个规律之后，不仅用于强健身体，还会将其运用于治理上，使自然和人类社会健康发展。而凡夫俗子因欲壑难填，学了反而会重利轻生，以致给自己和社会带来祸殃。

下篇·强兵战胜演术章第三

目盲之人听觉特别灵敏，耳聋之人眼睛特别锐利。堵塞产生某种利益的根源，就能够产生用力十倍的功效；再用上三倍的功力，就能够产生万倍的效果。

心思由于外物的影响而产生，又由外物的干扰过度而死亡，关键在于人的一双眼睛。

大自然表面上看起来没有什么恩情，实际上却有着滋养万物的大恩情。比如万物都是在迅猛的雷声和急骤的风雨中伴随着春、夏、秋、冬四季的时令而慢慢地经历着它们的生命历程。至乐之本在于知足，至静之本在于无私。天地看起来是最为自私的，但表现出来的作用却是最公正无私的。

飞鸟之所以能够在空中自由飞翔，就在于它能够驾驭身边空气的承载力。每个物体的生长存活源于其他物体的死亡，每个物体的走向死亡源于其他物体的生存。恩爱源于过去的过度祸害，祸害源于过去的过分恩爱。

愚昧之人常以懂得天地之准则为智慧，我却以遵循时令、洞悉外物为聪明；俗人以欺诈他人为聪明，我却以诚实守信为智慧；俗人以出人意料的做法为聪明，我却以自然而然为智慧。所以说：进入水火之中还自以为是智慧，那就是自取灭亡。

因为自然之道虚静，所以能生天地万物。因为天地的运行遵循自然，所以能使阴阳相生。阴阳相生，则变化和谐。所以，圣人懂得自然之道不可违背，因而把自己的心控制到清静无为的状态，并认为法律条文是不能相合相投的。于是就有了奇妙的《易》，它产生了各种象征，是以八种卦象为本，并贯以六十甲子，来演化种种玄机。这样一来，阴阳循环相生也就能很清楚地蕴含于各种象征之中了。

一句话阅读

　　窃笑傍门小法，休觅驻颜大药，揠长只伤苗。造化大炉耳，愚智一齐销。

——（南宋）冯取洽

战国策·苏秦以连横说秦（节选）

推荐者

鱼宏亮

推荐缘由

　　本文选自《战国策·秦策一》。春秋战国之时，礼崩乐坏，学不在官，民间出了一批依靠自己的知识和思想游走于诸侯之门获取财富和地位的自由士人。苏秦是其中最有代表性的一位。苏秦初持连横之说游说秦惠王称霸，不想时机未到，不被人所用。这段文字将处于困境的士人的窘况描写得栩栩如生、入木三分。《史记》说他出游数岁，大困而归，兄弟嫂妹妻妾，皆窃笑之曰："周人之俗，治产业，力工商，逐什二以为务。"可见在当时这类自由士人还是新兴事物，在社会各阶层中尚未获得认同。直到苏秦发奋读书，为赵国丞相，联合各国合纵而抗秦，诸侯之国争相延揽之时，苏秦的成功达到了顶峰。他路过洛阳时，父母清宫除道，郊迎三十里，妻子侧目而视，嫂子蛇行匍匐，皆因其"位尊而多金"，与其失意之时判若天壤。苏秦发出了"人生在世，势位富厚，何可以忽乎哉"的感叹。这段话深刻揭示了古代士人在权力面前翻云覆雨的命运，对我们理解古代士大夫的追求有深刻的警示作用。

经典原文

　　说秦王书十上而说不行，黑貂之裘敝^①，黄金百斤尽，资用乏绝，去秦而归。嬴縢履蹻^②，负书担橐^③，形容枯槁，面目黧黑，状有愧色。归至家，妻不下纴^④，嫂不为炊，父母不与言。苏秦喟然叹曰："妻不以我为夫，嫂不以我为叔，父母不以我为子，是皆秦之罪也。"乃夜发书，陈箧^⑤数十，得太公《阴符》之谋，伏而诵之，简练以为揣摩。读书欲睡，引锥自刺其股，血流至足，曰："安有说人主不能出其金玉锦绣，取卿相之尊者乎？"期年，揣摩成，曰："此真可以说当世之君矣。"

【注释】

　　①敝：破旧。

　　②嬴縢（téng）履蹻（juē）：缠着裹腿，穿着草鞋。嬴，同"缧"，缠束。縢，绑腿布。蹻，草鞋。

　　③橐（tuó）：背囊。

　　④下纴（rèn）：走下织机，指迎接苏秦。

　　⑤箧（qiè）：箱子。

【译文】

　　苏秦游说秦王的书信上呈十次而未被采纳，最后他的黑貂皮袍破了，百斤黄金花光了，用度匮乏，只得离秦归家。他绑着裹腿，穿着草鞋，背书担囊，形容憔悴，脸色黑黄，面带愧色。回到家里，妻子不下织机迎接他，嫂子不为他做饭，父母不与他说话。苏秦长叹道："妻子不把我当丈夫，嫂嫂不把我当小叔，父母不把我当儿子，这都是我苏秦的罪过啊！"于是他连夜翻检书籍，把几十个书箱打开，找到姜太公《阴符》，伏案诵读，反复研习揣摩。有时读得昏昏欲睡，就用铁锥刺自己的大腿，以致血流到脚上，他说："哪有游说君主而不能使其拿出金玉锦缎，并得到卿相之尊位的呢？"一年以后，他已经学成，便说道："这次真可用所学的去游说当今的君主了。"

一句话阅读

沙埋古篆折碑文，六国兴亡事系君。
今日凄凉无处说，乱山秋尽有寒云。

——（唐）贾岛

战国策·赵威后问齐使（节选）

任宝菊

推荐缘由

　　本文选自《战国策·齐策四》。文章记叙了赵威后接见齐国使者的一次谈话，通过双方的问答，委婉地批评了齐国政治失当，赞扬了"以民为本"的治国思想。本文围绕一个"民"字，充分表现了赵威后民为邦本的政治智慧和不同凡响的洞察力，同时折射出民本思想已经成为战国时期的重要治国理念。本文之"问"最为称绝，先以三句句式相同的问话开篇，然后在被问对象的顺序上层层设问，气势如虹，读之，唯见威后灵心慧舌满纸飞动而已！

经典原文

　　齐王①使使者问赵威后②。书未发③，威后问使者曰："岁④亦无恙邪？民亦无恙邪？王亦无恙邪？"使者不说⑤，曰："臣奉使使威后，今不问王而先问岁与民，岂先贱而后尊贵者乎？"威后曰："不然。苟无岁，何以有民？苟无民，何以有君？故有舍本而问末者耶？"

【注释】

①齐王：指齐王田建，齐襄王之子，战国时期齐国最后一位国君。

②赵威后：即赵太后，战国时赵惠文王之妻，赵孝成王之母，孝成王年幼继位，由赵威后执政。

③书未发：指信尚未拆封。

④岁：指年成。

⑤说：同"悦"。

【译文】

齐王派遣使者去问候赵威后。信还没有启封，威后就问使者说："今年的年成好吗？老百姓好吗？齐王好吗？"使者不高兴，说："臣下奉命出使到威后这里来，现在您不问齐王，反而先问年成和百姓，岂不是把卑贱的放在前面，把尊贵的放在后面吗？"威后说："不是这样。假如没有好收成，哪里有百姓？假如没有百姓，哪里有国君？因此哪有不问根本而问末节的呢？"

一句话阅读

敬贤如大宾，爱民如赤子。

——（西汉）路温舒

礼记·学记（节选）

推荐者

乔卫平

祖籍山西，中国教育史学者，北京师范大学教育历史与文化研究院副教授，主要从事中国传统文化与教育的研究，长期主讲中国教育名著导读、中国教育文献学等课程。主编有《中国学生百科全书》，著有《中国古代幼儿教育史》《中国宋辽夏金教育史》《中国教育制度通史》（第三卷）等，主要学术论文有《中国传统教育批判的三大误区》《伪书之争与教育史研究的文献学基础》等。

推荐缘由

《学记》出自《礼记》，是目前所见中国第一部专论教育问题的名篇。这篇文章产生的年代已不可确考，但大致是在战国中期到西汉初期这一时段。作者具有一定的儒学倾向和深厚的教学实践背景，姓名不详，也可能不是出自一人之手。

《学记》篇幅并不长，但言简意赅，思虑精微，讲透了许多教育的道理。有些耳熟能详的名言哲语就是出自《学记》，如"化民成俗""教学相长""长善救失""记问之学不足以为人师"等。《学记》开篇就推出了"王者建国君民，教学为先"的大理念，那么教学又应该以什么"为先"呢？答案应该就是以"严师"为先。从教与学这两条线索出发，《学记》论述了教学的原则、方法、为师的条件、尊师的必要性、学习的方法、教与学的关系以及教学相长的基本规律，对教师语言的特点也作了精辟的阐述："约而达，微而臧，罕譬而喻。"该文虽是对我国先秦时期的教育和教学所作的理论总结，但今天看来仍然是深谙师理之作，可资借鉴处甚多。

经典原文

发虑宪①，求善良，足以謏②闻，不足以动众；就③贤体④远，足以动众，未足以化民。君子如欲化民成俗，其必由学乎！

玉不琢，不成器；人不学，不知道。是故古之王者建国君⑤民，教学为先。《兑命》⑥曰："念终始典⑦于学。"其此之谓乎！

虽有嘉肴，弗食，不知其旨也；虽有至道，弗学，不知其善也。是故学然后知不足，教然后知困。知不足，然后能自反也，知困，然后能自强也。故曰：教学相长也。《兑命》曰："学学半⑧。"其此之谓乎！

古之教者，家有塾，党有庠，术⑨有序，国有学。比年入学，中年考校。一年视离经辨志⑩；三年视敬业乐群；五年视博习亲师；七年视论学取友，谓之小成。九年知类通达⑪，强立而不反，谓之大成。夫然后足以化民易俗，近者说服而远者怀⑫之，此大学之道也。《记》曰："蛾⑬子时术⑭之。"其此之谓乎！

【注释】

①虑宪：俞樾《古书疑义举例》认为"虑"与"宪"同义，都是思虑之意。孔子弟子原宪，字子思，其名与字相应。可证。

②謏（xiǎo）闻：小有名声。謏，小也。

③就：接近。

④体：体恤。

⑤君：作动词用，统治的意思。

⑥《兑命》：即《说命》，《尚书》中的篇名。

⑦典：经常。

⑧学（xiào）学半：教与学，各获益一半。前一个"学"，即"敩"，教的意思。

⑨术：通"遂"。一万二千五百家为"遂"。

⑩离经辨志：读断经书文句，明察圣贤志向。离，指断句。经，指儒家经书。辨，明察。志，志向。

⑪知类通达：闻一知十，触类旁通。

⑫怀：归附。

⑬蛾：同"蚁"。

⑭术：效法，学习。

【译文】

对国事深谋远虑，招揽良善之士，能博得小的名声，但不足以打动大众的心。如果亲近贤士，体恤远方臣民，就可以打动大众的心，但是还不足以教化人民。君子如果想教化人民、形成良好的风俗，就必须从办学校、兴教育入手。

玉石不经过雕琢，是不能成为玉器的；同样，人们不通过学习，就不能懂得道理。所以，古时候的帝王，建立国家，统治人民，无不先从教育入手。《尚书·兑命》说"念念别忘教育"，就是这个意思吧！

即使有了美味的菜肴，不吃是不能知道它的美味的；即使有了最好的道理，不学习是不能知道它的妙处的。所以，只有通过学习才能知道自己的不足，只有通过教育别人才会知道自己哪些地方存在困惑。知道不足，才能反省自己；知道困惑，才能发愤图强。所以说：教与学是相互促进的。《尚书·兑命》说："教与学，各获益一半。"正是这个意思！

古时候的教育制度是：在每二十五"家"的"闾"设立"塾"，在每五百家的"党"设立"庠"，在每一万二千五百家的"遂"设立"序"，在国都设立大学。大学每年招收新生，每隔一年考查学生的成就一次。第一年考查学生的经文句读能力和辨察圣贤志向的能力；第三年考查学生是否专心学业，和同学能否相处融洽；第五年考查学生的知识是否广博，是否敬爱师长；第七年考查学生研讨学问的本领与择交的能力；合格的就叫作"小成"。到第九年，学生对于学业已能触类旁通，他们的见解行动已能坚定不移，这就叫作"大成"。到这个时候，才能收到教化人民、移风易俗的效果，使近处的人心悦诚服，远方的人向往来归，这就是大学施教的过程。古书上说："小蚂蚁总是跟着大蚂蚁走。"岂不正好说明了这层道理吗！

一句话阅读

> 教化从来有源委，必将泳海先泳河。
>
> ——（唐）元稹

礼记·乐记（节选）

推荐者

谢嘉幸

中国音乐学院教授、博导，中国传统音乐文化传承与传播研究中心主任；北京人文社会科学重点"北京民族音乐研究与传播基地"首席专家；国家社会科学基金"十二五"教育学重点课题"中华优秀传统文化教育"负责人；教育部专家讲学团成员；剑桥大学《英国音乐教育》等刊物国际编委。出版专著有《音乐的语境——一种音乐解释学视域》《音乐分析基础》《德国音乐教育概况》等七部，发表论文《20世纪中国音乐教育中的美学问题》等近百篇，主编出版《新中国北京文艺60年·音乐卷》等五部。

推荐缘由

"兴于诗、立于礼、成于乐"是孔子对古代乐教功能的深刻归纳。那么，如何认识乐教？《礼记·乐记》作为我国第一部音乐专论，对"乐"的发源、本质、作用和审美特点等方面作了系统深入的论述。它总结了先秦儒家有关音乐理论，处处渗透着儒家礼乐并举、治理社会的政治理想，是认识体悟古代乐教思想的必读之书。

"礼辨异，乐和同"。《礼记·乐记》较全面地阐释了儒家美学的基本观点——和。人们通过"乐而不淫，哀而不伤"的音乐能使心理和精神平和安宁，进而使人与人和睦相处，人与自然和谐共存。这深刻陶染了后人的思想和审美取向，至今仍对我们的生活有所影响。

经典原文

凡音者，生于人心者也；乐者，通伦理者也。是故知声而不知音者，禽兽是也；知音而不知乐者，众庶①是也。唯君子为能知乐。是故审②声以知音，审音以知乐，审乐以知政，而治道备矣！是故不知声者，不可与言音；不知音者，不可与言乐；知乐则几③于礼矣！礼乐皆得，谓之有德。德者，得也。是故乐之隆，非极音也；食飨之礼④，非致味⑤也。《清庙》⑥之瑟，朱弦而疏越，一倡而三叹，有遗音者矣！大飨之礼，尚玄酒⑦而俎腥鱼⑧，大羹不和⑨，有遗味者矣！是故先王之制礼乐也，非以极口腹耳目之欲也，将以教民平好恶，而反人道之正也。

【注释】

①众庶：大众，普通百姓。

②审：考察，辨别。

③几：接近。

④食飨之礼：指陈列祭品祭祀祖先的礼仪。

⑤致味：指满足人对味道的要求。

⑥《清庙》：《诗经·周颂》中的篇名，是周人祭祀文王时的乐歌。

⑦玄酒：即以水代酒。

⑧腥鱼：即生鱼。

⑨大羹不和：祭祀用的肉汁不添加盐、菜等调料。

【译文】

凡音，都是产生于人的内心；乐，则是与社会伦理相通的。所以懂得声而不懂得音的，是禽兽；懂得音而不懂得乐的，是普通百姓。唯有君子才懂得乐。所以君子详细审察声以了解音，审察音以了解乐，审察乐以了解政事，由此治理天下的方法也就完备了。因此不懂得声的人，没法与他进一步谈论音；不懂得音的人，没法与他进一步谈论乐；懂得乐就近于明礼了。礼乐的精义都能得之于心，称为有德，德就是得的意思。所以说大乐的隆盛，不在于极尽音声的规模；食飨之礼的隆盛，不在于极尽味觉上的享受。演奏《清庙》乐章所用的瑟，上面是朱红色弦，下有通气孔；演奏时一人唱三人和，形式单调简单，然而于乐声之外寓意无穷。大飨之礼中以清水代酒，盘子里盛放的是生鱼，肉汁也不加任何调料，然而在实际的滋味之外另有滋味。所以说先王制定礼乐的目的，不是为了满足口腹耳目的欲望，而是要以此教导百姓节制欲望、平衡好恶，从而归于人道的正路上来。

一句话阅读

臣闻中国者，圣贤之所教也，礼乐之所用也，远方之所观赴也，蛮夷之所则效也。

——（战国）公子成

礼记·儒行

推荐者

郭振有

推荐缘由

《礼记·儒行》设为问答形式，托孔子之口，历述真儒者所特有的十六项道德品行和不同凡俗的可贵之处。郑玄说："名曰《儒行》者，以其记有道德者之所行也。"

历代以来，有真儒，也有所谓假儒。有许多人把儒者视为不讲气节的"柔儒"。如果儒者只是守柔，即生许多弊病。宋范仲淹讲气节，其后有的理学先生却视其为中庸。大儒程颐排斥《儒行》，说它"全无义理。如后世游说之士，所谓夸大之说。观孔子平日语言，有如是者否"？

章太炎先生针对当时的社会腐败，高度评价真儒者表现出的奇节伟行。他说："专讲气节之书，于《礼记》则有《儒行》。""《儒行》所述十五儒，皆以气节为尚。""《儒行》十五儒，大抵坚苦卓绝，奋厉慷慨之士。"章太炎认为，有学问无气节者，不得"袭取儒名"。"欲求国势之强，民气之尊，非提倡《儒行》不可。"

　　真正的儒家在历史上是最有责任感，最敢担当的人，国家民族危难时，真儒士总是挺身而出，奉献牺牲。今天时代特别需要知识分子有精神、有信仰、有气节。学习《儒行》篇对我们认识和传承中华优秀文化，振奋民族精神，抵御社会不良风气，大有益处。

经典原文

　　鲁哀公问于孔子曰："夫子之服，其儒服与？"孔子对曰："丘少居鲁，衣逢掖之衣。长居宋，冠章甫之冠。丘之闻也：君子之学也博，其服也乡。丘不知儒服。"哀公曰："敢问儒行？"孔子对曰："遽数之不能终其物。悉数之乃留，更仆，未可终也。"

　　哀公命席。孔子侍，曰："儒有席上之珍①以待聘②，夙③夜强④学以待问，怀忠信以待举⑤，力行以待取。其自立有如此者。

　　"儒有衣冠中⑥，动作慎；其大让如慢，小让如伪；大则如威⑦，小则如愧；其难进而易退⑧也，粥粥⑨若无能也。其容貌有如此者。

　　"儒有居处齐难⑩，其坐起⑪恭敬；言必先信，行必中正；道途不争险易⑫之利，冬夏不争阴阳之和⑬；爱其死以有待⑭也，养其身以有为⑮也。其备豫⑯有如此者。

　　"儒有不宝金玉，而忠信以为宝；不祈⑰土地，立义以为土地；不祈多积，多文以为富。难得而易禄也，易禄而难畜⑱也。非时⑲不见，不亦难得乎？非义不合，不亦难畜乎？先劳而后禄，不亦易禄乎？其近人有如此者！

　　"儒有委之以货财，淹⑳之以乐好，见利不亏其义；劫㉑之以众，沮㉒之以兵，见死不更其守；鸷虫㉓攫搏，不程㉔其勇；引重鼎，不程其力；往者不悔，来者不豫；过言不再，流言不极㉕；不断其威㉖，不习其谋。其特立有如此者。

“儒有可亲而不可劫也，可近而不可迫也，可杀而不可辱也；其居处不淫㉗，其饮食不溽㉘，其过失可微辨㉙而不可面数㉚也。其刚毅有如此者。

“儒有忠信以为甲胄，礼义以为干橹㉛；戴仁而行，抱义而处；虽有暴政，不更其所。其自立有如此者。

“儒有一亩之宫㉜，环堵㉝之室，筚门圭窬㉞，蓬户瓮牖㉟；易衣而出㊱，并日而食；上答㊲之，不敢以疑㊳；上不答，不敢以谄㊴。其仕有如此者。

“儒有今人与居，古人与稽㊵；今世行之，后世以为楷㊶；适㊷弗逢世，上弗援㊸，下弗推，谗谄㊹之民有比党㊺而危之者，身可危也，而志不可夺也；虽危，起居竟㊻信㊼其志，犹将不忘百姓之病㊽也。其忧思有如此者。

“儒有博学而不穷，笃行而不倦，幽居而不淫，上通㊾而不困；礼之㊿以和为贵，忠信之美，优游㉛之法；举贤而容众，毁方㉜而瓦合㉝。其宽裕有如此者。

“儒有内称㉔不辟亲，外举不辟怨㉕；程㉖功积㉗事，推贤而进达之；不望其报，君得其志；苟利国家，不求富贵。其举贤援能有如此者！

“儒有闻善以相告也，见善以相示也；爵位相先㉘也，患难相死㉙也；久㉚相待也，远㉛相致㉜也。其任举有如此者。

“儒有澡身而浴德㉝，陈言㉔而伏，静而正之；上弗知也，粗而翘㉕之，又不急为也；不临深㉖而为高，不加少而为多；世治不轻，世乱不沮㉗；同弗与㉘，异弗非也。其特立独行有如此者。

“儒有上不臣天子，下不事诸侯；慎静而尚宽㉙，强毅以与㉚人，博学以知服㉛；近㉜文章，砥厉廉隅㉝；虽分国，如锱铢㉔，不臣不仕。其规为㉕有如此者。

“儒有合志同方㉖，营㉗道同术；并立㉘则乐，相下㉙不厌；久不相见，闻流言不信；其行本方立义㊵，同而进，不同而退。其交友有如此者。

"温良者，仁之本也；敬慎者，仁之地也；宽裕者，仁之作®也；孙®接者，仁之能也；礼节者，仁之貌也；言谈者，仁之文也；歌乐者，仁之和也；分散者，仁之施也。儒皆兼此而有之，犹且不敢言仁也。其尊®让有如此者。

"儒有不陨获®于贫贱，不充诎®于富贵；不慁®君王，不累®长上，不闵有司®，故曰'儒'。今众人之命儒也妄®，常以儒相诟病。"

孔子至舍，哀公馆®之。闻此言也，言加信，行加义。终没吾世，不敢以儒为戏。

【注释】

①席上之珍：宴席上的美味佳肴，这里用来比喻美好的品德。

②聘：聘用。

③夙：早。

④强（qiǎng）：努力。

⑤举：推荐。

⑥中：适度，这里指同普通人一样。

⑦威：同"畏"。

⑧进：做官。退：辞官。

⑨粥粥：谦恭柔和的样子。

⑩居处：指日常起居。齐（zhāi）：同"斋"，严肃。难：庄重可畏。

⑪坐起：指坐立等行为举止。

⑫险易：指平坦。

⑬阴阳之和：冷暖调和。

⑭有待：等待政治清明的时机。

⑮有为：有所作为。

⑯备豫：预备。

⑰祈：企求。

⑱畜：容留。

⑲非时：时机不适宜。

⑳淹：沉溺。

㉑劫：威胁。

㉒沮（jǔ）：恐吓。

㉓鸷（zhì）虫：猛兽。

㉔程：估量。

㉕极：寻根究底。

㉖威：尊严。

㉗淫：奢侈放纵。

㉘溽（rù）：味道浓厚。

㉙微辨：委婉地批评。

㉚面数：当面指责。

㉛干橹：干为小盾，橹为大盾。

㉜宫：墙垣。

㉝堵：土墙。环堵：四周各一丈的墙。

㉞荜（bì）门：荆条、竹子编的门。圭窬（yú）：墙上开出的上尖下方圭形的门洞。

㉟蓬户：蓬草编的门。瓮牖（yǒu）：用破瓮做的窗户。

㊱易衣而出：一家人只有一件可以穿得出去的衣服，所以相互更换以后才能够出门。

㊲答：指采纳其言。

㊳疑：二心。

㊴谄：阿谀奉承。

㊵稽：相合。

㊶楷：楷模。

㊷适：到。

㊸援：提拔。

㊹谗谄：谗佞。

㊺比党：结伙。

㊻竟：始终。

㊼信：伸，伸张。

㊽病：疾苦。

㊾上通：通达君主。

㊿之：是。

(51)忧游：温柔中和。

(52)毁方：去掉棱角，意思是不露锋芒。

(53)瓦合：破损的瓦器相合，意思是平易近人。

(54)称：举荐。

(55)怨：指有私仇的人。

(56)程：考察。

(57)积：汇集。

(58)相先：互相推让。

(59)相死：互为献身。

(60)久：久居，滞留。

(61)远：指远离君主。

(62)致：召唤。

(63)澡身而浴德：意思是用道德来洁身。

(64)陈言：进言。

(65)翘：启发。

(66)临深：居高临下。

(67)沮：丧气。

(68)与：亲近。

(69)宽：宽容。

(70)与：与人交往。

(71)服：敬服。

(72)近：爱好。文章，指礼乐制度。

⑦砥厉：同"砥砺"，磨炼。廉隅：棱角，这里指人品行端正。

⑦锱铢：古代重量单位。这里指轻微，不重要。

⑦规为：约束自己的行为。

⑦合志同方：意思是志同道合。方，道。

⑦营：实行。

⑦并立：指一起做官。

⑦相下：谦虚待人。

⑧本方：以道为本。立义：树立道义。

⑧作：起始。

⑧孙：同"逊"，谦逊。

⑧尊：谦虚待人。

⑧陨（yǔn）获：窘困失意的样子。

⑧充诎（qū）：过分喜欢而失去控制的样子。

⑧愍（hùn）：辱。

⑧累：拘系，这里指困厄。长上：指卿、大夫等官员。

⑧闵：忧患。有司：卿、大夫以下的官员。

⑧命：命名。妄：同"亡"，无。

⑨馆：这里指在客舍款待孔子。

【译文】

鲁哀公向孔子问道："先生的衣服，大概是儒者特有的吧？"孔子回答说："我小时候住在鲁国，就穿鲁国的逢掖之衣；长大了住在宋国，就戴殷代的章甫之冠。我听人说：君子的学问要广博，衣服则入乡随俗，不追求与众不同。我不知道儒服这回事。"哀公又问道："请问儒者的行为有哪些特点呢？"孔子答道："仓促地列举，短时间难以说完。全部说完要费很长时间，恐怕值班的仆人到了换班时间也说不完。"

哀公于是命人给孔子设席。孔子陪侍哀公坐着，孔子对鲁哀公说："儒者有如筵席上的美味佳肴，怀抱美好的品德，等待他人聘用，早晚勤勉学习以等待咨询，心怀忠实诚信以等待举荐，努力修行以等待取用。他们就是这样努力修身而有所成就的。

"儒者穿戴如常人，行动谨慎。他们对大利的推辞，让人觉得有傲慢之感；对小利的推让，让人觉得有做作之感。对待大事战战兢兢，如履薄冰；对待小事也不随意，如心中有愧。他们难于接受聘任为官，却易于辞退官职，谦恭柔和得如同无能一样。他们的相貌就是这样的。

"儒者日常起居严肃庄重，坐立举止都很恭敬。他们说话必以信用为先，行动一定中正无邪。在路途上不争平坦的便利，在冬夏季不争冷暖调和的地方。他们爱惜生命是为了等待时机到来，保养身体是为了有所作为。儒者就这样，做任何事时都预先有所准备。

"儒者不以金玉为宝贝，而以忠信为宝；不企求多占土地，而把合乎义理当作土地；不企求积聚财物，而把博学多闻当作财富。得到他们不容易，给他们俸禄却容易；给他们俸禄虽然容易，却难以容留他们。时机不适宜他们就不会出山，这不是难以得到吗？不合乎义理他们不合作，这不是难以容留吗？先有功劳后取俸禄，这不是容易给予俸禄吗？他们就是这样待人接物的。

"儒者有这样的品格：赠给他们财物，让他们沉溺在所喜爱的东西之中，也不会使他们见利忘义。用众人相威胁，用武力相恐吓，也不会使他们在死亡面前改变操守。遇到猛兽便上前搏击，不考虑自己的勇武能否胜任。扛举重鼎，也不考虑自己的力量能否胜任。对过往的事不追悔，对未来的事不预测。说过的话不再重复，对流言也不追究其来源。不丧失自己的尊严，不讲求成功的谋略。他们特有的品格就是如此。

"儒者可以亲近而不可威胁，可以接近而不可逼迫，可以杀害而不可侮辱。他们的日常生活不奢侈，饮食不丰美。对他们的过失可以委婉地批评，却不可当面指责。他们的刚毅就是这样的。

"儒者用忠信作为护身的盔甲，用礼义作为抵御的盾牌，行动尊崇仁爱，安居怀抱道义。即使遭到暴政的迫害，也不更改其所确立的志向。儒者的自立就是这样的。

"儒者的家院只有一亩大，房屋只有一丈见方，用荆条、竹子编的院门，门旁的院墙上开个圭形的小门洞，屋门用蓬草编成，窗子只有瓮口那么大。全家人只有一套能穿得出门的衣服，谁出门就换给谁穿，两天只能吃一天的饭。如果君王采纳了他的意见，他就事君不敢有二心；如果君王不采纳他的意见，他也不敢以谄媚求得官职。他们出仕做官的态度就是这样的。

"儒者虽然和同时代的人共处，但他的志向却与古人相合。他在当今时代的行为举止，可以成为后世的楷模。遇上社会不治的时代，君主不提拔，臣下不举荐，那些阿谀奸佞的小人，结党营私，对他进行陷害。但是，他的身体虽会遭到危害，他的志向却不可动摇。虽然身处危难之中，但始终伸张着他的志向，并且不会忘记老百姓的疾苦。儒者的忧患和信念就是这样的。

"儒者广泛地学习，没有止境，忠实地笃行，不知倦怠。隐居而不放纵自己，通达君主仍然力行正道。礼的运用，以和为贵，以忠信为美，以温柔平和为法度。既能推举贤人君子，又能容纳凡夫俗子；不露锋芒，平易近人。他们宽阔博大的气度就是这样的。

"儒者推举人才，对内不回避亲属，对外不回避有私仇的人。考察他们的功劳和事迹，推荐贤才，使他们得到任用，而并不图得到回报。只要君主因此能得遂其志，只要对国家有利，不求个人富贵。其推举和提拔贤能之士就是这样的。

"儒者听到好的事情就告诉朋友，见到好的事情也让朋友知道。接受爵位能互相推让，遇到患难能争相献身。朋友久居下位，则等待朋友一道升迁；朋友远离君主，则召唤朋友一同来做官。儒者的互相推举就是这样的。

"儒者用道德沐浴以洁身。向国君进言后退居等待，依然宁静并恪守正道。国君有不知道的事，就略加启发，不急于求成。身居高位时不妄自尊大，不夸张自己的功绩。世道清明不轻佻，世道混乱不沮丧。对政见相同的人不亲近，对政见不同的人不非难。儒者特立独行的品德就是这样的。

"儒者上不做天子的臣下，下不为诸侯效劳。谨慎宁静而崇尚宽容，刚强坚毅而从善如流，学识渊博而敬服前贤。多读圣贤书，磨炼品行，端方正直。即使被封为诸侯，也看成轻微小事，既不称臣，也不做官。儒者约束自己的行为就是这样的。

　　"儒者彼此之间志同道合，实行道义的方法也相同。他们地位相同时相处快乐，地位悬殊时谦虚相待而不厌烦。长久不相见，听到有关朋友的流言也不相信。他们的行为以道为本而为了树立道义，志向相同就一起前进，志向不同就自行离去。儒者的交友之道就是这样的。

　　"温和善良是仁的根本，恭敬谨慎是仁的土地，宽大充裕是仁的起始，谦逊待人是仁的能力，礼貌节义是仁的外表，言谈论说是仁的文采，歌舞音乐是仁的谐和，分财散物是仁的施予。儒者全部具备了这些美德，还不敢自称达到了仁的境界！儒者谦让的品格就是这样的。

　　"儒者不因为贫贱而失意，不因为富贵而得意，不困辱君王，不牵系长官，不忧患下官。有这样的品格才叫作'儒'。现在人们随意称某人为'儒'，甚至以称他人为'儒'来互相攻击。"

　　孔子从国外返回鲁国，鲁哀公在公馆里款待他，听了孔子上面这番话，对儒者的话更加相信，对儒者的行为更加看重，并且说："我这辈子，再也不敢拿儒者开玩笑了。"

　　一句话阅读

> 志士仁人，无求生以害仁，有杀身以成仁。
>
> ——《论语·卫灵公》

礼记·曾子易箦（节选）

推荐者

郭振有

推荐缘由

本篇选自《礼记·檀弓上第三》。春秋战国之交，社会正在发生变革。原来规定的一些礼义制度，正在悄然发生变化。鲁大夫季孙把一条只有大夫才能享用的华美竹席送给了曾子。但曾子未曾做过大夫。这件事，季孙和曾子都属于违礼。所以童子当着病重的曾子提出这个问题时，严守儒家礼法的曾子意识到了问题的严重性，毅然"易箦"，并通过表扬童子讲出了一个"爱"的大道理："君子之爱人也以德，细人之爱人也以姑息。"曾子可谓以身护礼的典范。在今天看来，曾子所守之"礼"，也许不合时宜，但他那种严于律己、言行一致的风度和精神，仍然令人动容。如果将"德"换上时代性的内容，那么"君子之爱人也以德，细人之爱人也以姑息"这句话，仍然是富有生命力的名言。

经典原文

　　曾子寝疾①，病。乐正子春②坐于床下，曾元、曾申③坐于足，童子隅④坐而执烛。童子曰："华而睆⑤，大夫之箦⑥与？"子春曰："止！"曾子闻之，瞿然⑦曰："呼！"曰："华而睆，大夫之箦与？"曾子曰："然。斯季孙⑧之赐也，我未之能易也。元，起易箦。"曾元曰："夫子之病革⑨矣，不可以变⑩。幸而至于旦，请敬易之。"曾子曰："尔之爱我也不如彼。君子之爱人也以德，细人之爱人也以姑息⑪。吾何求哉？吾得正而毙⑫焉，斯已矣。"举扶而易之。反⑬席未安而没⑭。

【注释】

　　①曾子：即曾参，孔子弟子。寝疾：病倒，卧病，此偏向于病倒。寝，睡卧。疾，小病。

　　②乐正子春：鲁国人，复姓乐正，曾参的弟子。

　　③曾元、曾申：都是曾子的儿子。

　　④隅：名词作状语，在角落。

　　⑤华而睆（huǎn）：华美，光滑。

　　⑥箦（zé）：竹编的席子。

　　⑦瞿然：惊叹的样子。

　　⑧季孙：鲁国大夫；曾子受其赐箦，非礼也。

　　⑨革：通"亟"，指病重。

　　⑩变：在此指移动。

　　⑪姑息：无原则地宽容。

　　⑫正而毙：谓合于正礼而殁。

　　⑬反：同"返"。

　　⑭没：同"殁"，死。

【译文】

　　曾子卧病不起，病情严重。乐正子春坐在床的下首，曾元、曾申坐在曾子脚边，一个少年童仆手执烛火坐在墙角。童仆说："又华丽，又光亮，这是大夫用的竹席吧？"子春说："住嘴！"曾子听到他们的话，显出吃惊的样子说："哎呀！"那童仆却又说了一句："又华丽，又光亮，这是大夫用的竹席吧？"曾子说："是啊！这是季孙赏赐的，我因病没能将它换下来。元，扶起我来，换去这张席子。"曾元说："您已经病危了，不可以挪动身子。希望能等到天明，再为您换去席子吧。"曾子说："你对我的爱护，还不如这位童仆。君子爱护人，是考虑如何成全他的美德；小人爱护人，则是考虑如何让他获得一时的安逸。此刻我还会有什么要求呢？我能合乎礼制地死去，心里就满足了啊！"于是，大夫用的竹席被撤换下来。曾子又被扶回换过的席子上，还没躺好就去世了。

一句话阅读

> 人无礼则不生，事无礼则不成，国家无礼则不宁。
>
> ——（战国）荀子

史记·孔子世家（节选）

司马迁

推荐者

赵法生

　　山东青州市人，中国社会科学院哲学博士。现为中国社会科学院世界宗教研究所儒教研究室主任。儒教研究中心秘书长，兼任山东大学儒学高等研究院教授，尼山圣源书院秘书长，中国人民大学孔子研究院研究员。在《中国社会科学》《哲学研究》《中国哲学史》《世界宗教研究》《社会科学》《清华大学学报（哲社版）》《社会科学论坛》《原道》《孔子研究》《中国政法大学学报》《开放时代》《中国宗教蓝皮书》等发表论文四十余篇。

推荐缘由

　　孔子不仅是大哲人，政治家，教育家，也是音乐家。该段描写了孔子向乐师师襄子学琴的过程，由熟悉乐曲，到熟悉技巧，再到把握精神。临到最后，则是仿佛乐曲所赞颂的文王已经活生生立在孔子面前，包括他的肤色、身高和神情，令师襄子大为感叹。现代人或许以为这未免过于神奇，其实，真正的艺术境界正是如此，其最上乘境界是表达人的精神，诗歌如其人，画如其人，乐亦如其人。

经典原文

孔子学鼓琴师襄子①，十日不进②。师襄子曰："可以益③矣。"孔子曰："丘已习其曲矣，未得其数④也。"有间，曰："已习其数，可以益矣。"孔子曰："丘未得其志⑤也。"有间，曰："已习其志，可以益矣。"孔子曰："丘未得其为人也。"有间，有所穆然⑥深思焉，有所怡然高望而远志焉。曰："丘得其为人，黯然而黑，几然⑦而长，眼如望羊⑧，如王四国⑨，非文王其谁能为此也！"师襄子辟席⑩再拜，曰："师盖云《文王操》⑪也。"

【注释】

①鼓琴：弹琴。师襄子：春秋时鲁国的乐官。

②不进：未学新业，仍在反复弹十日前初学的曲调。

③益：增加。这里指增加新的学习内容。

④数：规律，这里指演奏的技巧。也有说是指"节奏之数"。

⑤志：志趣，意旨，思想。

⑥穆然：默然，沉静深思的样子。

⑦几然：身材高大的样子。几，通"颀"，颀长。

⑧望羊：通"望洋"，远视貌。

⑨四国：四方，泛指天下。

⑩辟席：即避席。古人席地而坐，离座而起，表示敬意。

⑪《文王操》：古琴曲名，据说是周文王所作。

【译文】

孔子向师襄子学琴，学了十天仍没有学习新曲子，师襄子说："可以增加学习内容了。"孔子说："我已经熟悉了曲调，但还没有掌握弹奏技巧。"过了一段时间，师襄子说："你已经掌握弹奏的技巧了，可以增加学习内容了。"孔子说："我还没有领会曲子的意境。"过了一段时间，师襄子说："你已经领会了曲子的意境，可以增加学习内容了。"孔子说："我还不了解作曲人在乐曲中所塑造的形象。"又过了一段时间，孔子神情时而庄重穆然，若有所思，时而怡然高望，志意深远。孔子说："我知道他是谁了：那人皮肤黝黑，体形颀长，眼光明亮远大，像个统治四方诸侯的王者，若不是周文王还能是谁呢？"师襄子听到后，赶紧起身拜了两次，答道："我的老师告诉我这好像是《文王操》。"

一句话阅读

人之蕴蓄，由学而大，在多闻前古圣贤之言与行，考迹以观其用，察言以求其心，识而得之，以蓄成其得。

——（北宋）程颐

史记·孔子世家赞

推荐者

任宝菊

推荐缘由

这是《史记·孔子世家》文末的太史公赞语，是司马迁对孔子的评论。司马迁开创的纪传体史书体裁，包括本纪、世家、列传、表、书五个部分，其中"世家"是记载"辅拂股肱之臣"、并能够世代传家的重要历史人物。列孔子入"世家"，从著作形式上已经对孔子的历史地位给予了高度的肯定。这段评论则更具体指出，孔子虽为布衣，思想学说却"传十余世"，堪为不朽之"至圣"。读此文，可知孔子具备崇高历史地位的原因，及作者为孔子作"世家"的意旨所在。

经典原文

太史公曰:《诗》①有之:"高山仰止,景行行止②。"虽不能至,然心乡往之③。余读孔氏④书,想见其为人。适鲁,观仲尼庙堂车服礼器,诸生以时习礼其家,余祇回留之不能去云。天下君王至于贤人众矣,当时则荣,没则已焉。孔子布衣,传十余世,学者宗之。自天子王侯,中国言六艺⑤者折中⑥于夫子,可谓至圣矣!

【注释】

①《诗》:指《诗经》。

②高山仰止,景行(háng)行(xíng)止:出自《诗经·小雅·车辖》。止,句尾语气词。景行,大道。

③心乡往之:对某个人或事物的向往、仰慕。

④孔氏:即孔子。

⑤六艺:有二说,一是指礼、乐、射、御、书、数六种技能。二是指《易》《书》《诗》《礼》《乐》《春秋》六部儒家经典。此处指后者。

⑥折中:调和,取其中正,多指协调不同意见,使各方都能接受,这里指以孔子为榜样。

【译文】

太史公说:《诗经》中有这样的句子:"高山仰止,景行行止。"虽然我不能达到那样的境界,但是内心却很是向往。我读了孔家的著作,就能想象出他的为人处世的风范。我到过鲁地,瞻仰仲尼(孔子)的庙堂、车驾和服装、礼器,看见众多儒生在孔子家庙里按时演习礼仪,我在那里徘徊流连,不舍离去。天下的君王以至于各代贤人众多,但他们在世时十分荣耀,一死就埋没无闻了。孔子生为平民,学说却已经流传了十几代,读书人至今仍然尊崇他。从天子、王侯,中国谈论六艺的人,都是以孔夫子的学说为标准,他可以说是至高无上的圣贤啊!

一句话阅读

　　夫子循循然善诱人，博我以文，约我以礼，欲罢不能，既竭吾才。如有所立卓尔。

——（春秋）颜渊

二、魏晋南北朝文

洛神赋（节选）

曹　植

推荐者

李庆本

推荐缘由

　　《洛神赋》是曹植辞赋作品的杰出代表。作者借助丰富的想象，通过梦幻的境界，描写人神之间的真挚爱情，抒发因"人神殊道"无从结合而产生的惆怅之情。

　　这篇赋的可贵之处在于作者能够将抒情与人物描写有机地结合在一起。所抒之情，真挚而凄婉；人物刻画描写细致入微，丝丝入扣。如描写其形态："翩若惊鸿，婉若游龙，荣曜秋菊，华茂春松。髣髴兮若轻云之蔽月，飘飖兮若流风之回雪"，描写其服饰："披罗衣之璀璨兮，珥瑶碧之华琚。戴金翠之首饰，缀明珠以耀躯。践远游之文履，曳雾绡之轻裾"。语言整饬而不失生动、凝练而兼优美，辞藻华丽而不浮躁。

这篇赋在历史上有着非常广泛和深远的影响。东晋大书法家王献之和大画家顾恺之，都曾将《洛神赋》的神采风貌形诸楮墨。南宋元明时期，一些剧作家又将其搬上了舞台，比较著名的如汪道昆的《陈思王悲生洛水》。至于历代作家以此为题材，见咏于诗词歌赋者，难以数计。

经典原文

余告之曰：其形也，翩若惊鸿，婉若游龙①，荣曜秋菊，华茂春松②。髣髴兮若轻云之蔽月，飘飖兮若流风之回雪③。远而望之，皎若太阳升朝霞。迫而察之，灼④若芙蕖出渌波。秾纤⑤得衷，修短⑥合度。肩若削成，腰如约素。延颈秀项，皓质呈露⑦，芳泽无加，铅华弗御⑧。云髻峨峨，修眉联娟⑨，丹唇外朗，皓齿内鲜。明眸善睐，靥辅承权⑩，瓌姿艳逸⑪，仪静体闲。柔情绰态，媚于语言。奇服旷世，骨像应图⑫。披罗衣之璀璨⑬兮，珥瑶碧之华琚⑭。戴金翠之首饰，缀明珠以耀躯。践远游之文履⑮，曳雾绡之轻裾⑯。微幽兰之芳蔼兮，步踟蹰于山隅。于是忽焉纵体，以遨以嬉。左倚采旄⑰，右荫桂旗⑱。攘皓腕于神浒兮⑲，采湍濑之玄芝⑳。

【注释】

①"翩若"两句：翩然若惊飞的鸿雁，蜿蜒如游动的蛟龙。翩，鸟疾飞的样子，此处指飘忽摇曳的样子。惊鸿，惊飞的鸿雁。婉，蜿蜒曲折。

②"荣曜"两句：容光焕发如秋日下的菊花，体态丰茂如春风中的松树。荣，丰盛。曜，日光照耀。华茂，华美茂盛。

③"髣髴"两句：时隐时现像轻云遮住月亮，浮动飘忽似回风旋舞雪花。髣髴，若隐若现的样子。飘飖，飞翔貌。回，回旋，旋转。

④灼：鲜明，鲜艳。

⑤秾：花木繁盛。此指人体丰腴。纤：细小。此指人体苗条。

⑥修短：长短，高矮。

⑦呈露：显现，外露。

⑧"芳泽"两句：既不施脂，也不敷粉。泽，润肤的油脂。铅华，粉。古代烧铅成粉，故称铅华。不御，不施。御，用。

⑨联娟：微曲貌。

⑩靥：酒窝。辅：面颊。承权：在颧骨之下。权，颧骨。

⑪瓖：同"瑰"，奇妙。艳逸：艳丽飘逸。

⑫骨像：骨格形貌。应图：指与画中人相当。

⑬璀璨：鲜明貌。一说为衣动的声音。

⑭珥：珠玉耳饰。此用作动词，作佩戴解。瑶、碧：均为美玉。华琚：刻有花纹的佩玉。

⑮践：穿，着。远游：鞋名。文履：饰有花纹图案的鞋。

⑯曳：拖。雾绡：轻薄如雾的绡。绡，生丝。裾：裙边。

⑰采旄（máo）：彩旗。采，同"彩"。旄，旗杆上旄牛尾饰物，此处指旗。

⑱桂旗：以桂木做旗杆的旗，形容旗的华美。

⑲攘：此指挽袖伸出。神浒：为神所游之水边地。浒，水边泽畔。

⑳湍濑：石上急流。玄芝：黑色芝草，相传为神草。

【译文】

我告诉他说：她的形影，翩然若惊飞的鸿雁，婉约若游动的蛟龙。容光焕发如秋日下的菊花，体态丰茂如春风中的青松。她时隐时现像轻云蔽月，浮动飘摇似回风旋雪。远远望去，明亮如朝霞中升起的旭日。近而视之，鲜丽如绿波间绽开的新荷。她体态适中，高矮合度。肩窄如削，腰细如束，秀长的脖颈，洁白如露，不施芳泽，不敷粉黛，发髻高耸如云，长眉弯曲细长，红唇鲜润，牙齿洁白。一双善于顾盼闪亮的眼睛，两个面颊下露出甜甜的酒窝，她姿态优雅妩媚，举止温文娴静。情态柔美和顺，语辞得体可人。洛神服饰奇艳绝世，风骨体貌与图上画的一样。她身披明丽的罗衣，佩戴着精美的佩玉。头戴金银翡翠首饰，缀以周身闪亮的明珠。她脚穿饰有花纹的远游鞋，拖着薄雾般的裙裾，隐隐散发出幽兰的清香，在山边徘徊徜徉。忽然又飘然轻起，且行且戏。左面倚着彩旄，右面有桂旗庇荫，在河滩上伸出素手，采撷水流边的黑色芝草。

一句话阅读

曹公文武俱绝伦，传与陈王赋洛神。
高情寓托八荒外，曾是亲逢绝世人。

——（北宋）王铚

清思赋（节选）

阮　籍

推荐者

袁济喜

中国人民大学国学院教授、博士生导师，北京大学美学与美育中心客座教授。代表作：《六朝美学》《中国古代文论精神》《传统美育与当代人格》，主撰的《六朝清音》获第五届国家图书奖。

推荐缘由

这是阮籍的一篇富有特色的赋作。清思，是指对于清远幽缈精神之境的追求与向往。阮籍生活的三国时期是魏国司马氏日渐取代曹氏政权，天下多故的年代，他厌恶这种政治生态，向往老庄的理想人生之境，这种境界在审美上表现为"大音希声""大象无形"的特征。而魏晋以来，以清为美，成为审美心理。此赋宣示真正的审美往往是超越具象，而令人产生一种无穷的精神回味之美，传说中的黄帝与女娲创造的大美往往是超越世俗之美的，人们只有在这种幽缈之美中体味到精神之境的滋味。这篇赋将传统的老庄美学与魏晋时代的审美情境相融合，传达出作者向往美好精神之境的审美理想，也反映出汉魏之际美学观念的变迁。

经典原文

余以为形之可见，非色之美；音之可闻，非声之善。昔黄帝登仙于荆山之上，振咸池①于南岳之冈，鬼神其幽，而夔牙②不闻其章。女娲耀荣于东海之滨，而翩翩③于洪④西之旁，林石之陨从，而瑶台不照其光。是以微妙无形，寂寞无听，然后乃可以睹窈窕⑤而淑清。故白日丽光⑥，则季后⑦不步其容；钟鼓阊铪⑧，则延子⑨不扬其声。

【注释】

①咸池：皇帝所作乐名。

②夔牙：舜时乐官夔与春秋时精于琴艺者伯牙的并称。借指精通音乐的人。

③翩翩：上下飞动貌。

④洪：谓东海。

⑤窈窕：美心曰窈，美色曰窕。

⑥丽光：华丽，光彩焕发。出自汉扬雄《蜀都赋》："朱缘之画，邠盼丽光。"

⑦季后：疑为孝武帝李夫人。

⑧阊铪（chāng hā）：指钟鼓声。

⑨延子：师延，纣之乐师，作靡靡之乐。

【译文】

我以为形态可见，并非容色的美丽；声音可闻，并非音声的美善。昔日黄帝在荆山上登仙，于南岳的山冈上弹奏《咸池》，鬼神都隐藏起来了，而到了夔与伯牙，他们已经不能听到这一乐章。女娲荣耀于东海之滨，上下飞动于东海之西，林石从她陨落，而瑶台不能照耀其光彩。因此微妙的事物往往无形，寂寞无声，然后才可以看到它的美好。因此白日光明显著，则李夫人不能显现其容貌神形，钟鼓声音大发，则师延的靡靡之音就无法扬声。

一句话阅读

袍薰茂草萋萋远，墙竖归风栉栉斜。
灵越弦歌皆胜践，递赓清思赋余霞。

——（北宋）宋祁

琴赋序（节选）

嵇 康

推荐者

祝安顺

中华书局编审，中华书局经典教育研究中心主任。重庆国学院客座教授，什刹海书院学术委员会委员，近年来，致力于解决中华优秀传统文化教育教学的课程化、体验化、常识化难题，在《孔子研究》《中国教师报》《中国教师》《中小学校长管理》《南方周末》《北京教育》《上海教育研究》等刊物发表论文多篇。

推荐缘由

子曰："兴于诗，立于礼，成于乐。"何谓"成于乐"？孔子困厄之时，弦歌不辍；嵇康临刑之际，索琴而弹。何哉？乐中有超脱自足之境也，是所谓成于乐乎？《琴赋序》所谓"处穷独而不闷者，莫近于音声"，信夫！君其读之。

读《琴赋》之文，而想见嵇中散之为人，竹林中不拘礼法、清静无为、饮酒纵歌的情形便恍若眼前，"越名教而任自然"的不羁风骨于此可见矣。

经典原文

余少好音声，长而翫①之。以为物有盛衰，而此无变；滋味有厌，而此不倦。可以导养神气，宣和②情志。处穷独而不闷者，莫近于音声也。是故复之而不足，则吟咏以肆志③；吟咏之不足，则寄言以广意。然八音之器，歌舞之象，历世才士，并为之赋颂。其体制风流，莫不相袭。称其才干，则以危苦为上；赋其声音，则以悲哀为主；美其感化，则以垂涕为贵。丽则丽矣，然未尽其理也。推其所由，似元不解音声；览其旨趣，亦未达礼乐之情也。众器之中，琴德最优。故缀叙④所怀，以为之赋。

【注释】

①翫：同"玩"，习也。

②宣和：疏通调和。

③肆志：快意，随心，纵情。

④缀叙：犹著述。

【译文】

我从小酷爱音乐，长大以后一直玩味研习。在我看来，万物都有盛衰而对音乐的爱好却没有变化；人的食欲有饱和厌倦的时候，而对音乐的爱好永不会厌倦。音乐可以颐养神气，疏通调和情志，能使人身处逆境而不觉无所事事。因而我对音乐反复玩味才知道自己的不足，人们用吟咏诗歌来抒发心志；吟咏诗歌还不能尽兴，就通过言辞来阐述自己的思想。然而"八音"这些乐器，歌舞的意象，历代才俊志士，都为音乐写过不少赋颂佳作。音乐的体制和风范，无不代代沿袭传承。能用来制作乐器的原材料，则以生长在险峻艰苦环境里的木材为上乘；因此赋作的声音，就以悲哀为主；音乐的美感教化作用，就以催人泪下为贵。只知道美妙富丽的音乐是很好，然而却不能说清其中的理趣。推究其缘由，好像根源还在于不能解析音乐的奥妙；饱览音乐的目的和意义，也未能通达礼乐的情趣啊。众多乐器之中，琴的教化作用最为突出。因此写下这篇感怀之作，取名为《琴赋》。

一句话阅读

> 泠泠七弦上，静听松风寒。古调虽自爱，今人多不弹。
>
> ——（唐）刘长卿

秋兴赋（节选）

潘　岳

推荐者

李　山

　　北京师范大学教授，博士生导师。中国《诗经》研究会常务理事。主要研究方向为中国古代文学史、中国文化史。代表作《诗经的文化精神》《诗经析读》《中国文化史》等。在《诗经》研究、先秦两汉文学研究领域卓有成就。曾在百家讲坛讲授《战国七雄》《诗经》等课程。

推荐缘由

　　少女感春，壮男悲秋。此篇即作者白发始生的感伤之作。文中谈到四种令人惆怅之事，即"送归""远行""登山"和"临水"，作者说是四种惆怅都发生在萧瑟的秋日，那可就销魂难耐了。对于时令变化的敏感，是我国古典文化的一个特点。表现在诗赋，就有《诗经》的"蒹葭苍苍，白露为霜"，《楚辞》的"洞庭波兮木叶下"等等。《秋兴赋》的新颖之处或许就在它集中地表达秋天的愁绪。文章风格雅致，文字清灵，普通人诵读也可以引起内心的共鸣。

经典原文

　　四时忽其代序兮，万物纷以回薄。览花莳之时育①兮，察盛衰之所托。感冬索而春敷兮，嗟夏茂而秋落。虽末士之荣悴兮，伊人情之美恶。善乎宋玉之言曰："悲哉，秋之为气也！萧瑟兮草木摇落而变衰，憭慄②兮若在远行，登山临水送将归"。夫送归怀慕徒之恋兮，远行有羁旅之愤。临川感流以叹逝③兮，登山怀远而悼近。彼四戚之疚心兮，遭一涂而难忍。嗟秋日之可哀兮，谅无愁而不尽。

【注释】

　　①花莳（shì）：移植花苗。时育：按季节而生长。

　　②憭（liáo）慄（lì）：悲伤凄凉的样子。

　　③叹逝：感叹岁月易去。

【译文】

　　春夏秋冬四季匆匆地接替，世上万物纷纷回转迫近。看那花朵移栽随着时序更替，能察觉出四季是草木盛衰的寄托。感慨那草木冬天的凋零，春天的滋生，嗟叹草木夏天的茂盛，秋天的摇落。虽说草木荣枯是微末小事，却也影响着人们的情感好恶。宋玉的话说得好："悲哀啊，秋天形成了肃杀寒凉的阴冷之气，萧条寂寞啊，草木摇动飘零变得衰落。心中凄凉悲伤就像要去远行，登山临水送别将要归去的人。"送归者有思念伴侣的怀念，远行者有羁旅漂泊的悲愤，临水者则像孔子感叹流水似时光飞逝，登山者又像齐景公怀想未来而哀悼眼前。那四种感伤都使人内心痛苦，遇上了一件也难以忍受，嗟叹秋天值得悲哀，大概是没有什么愁可比而又没有尽头了。

一句话阅读

人烟寒橘柚，秋色老梧桐。
谁念北楼上，临风怀谢公？

——（唐）李白

祭屈原文

颜延之

推荐者

李　山

推荐缘由

屈原是伟大的诗人，更是伟大的爱国主义者，他高洁的人格、忧国忧民的情怀以及不幸的遭遇一直成为后人追思的对象。前有贾谊的《吊屈原赋》，后有南朝颜延之的《祭屈原文》，虽文体不一，但都精彩纷呈，其中既有对先贤的赞颂，也有为自己遭际的鸣不平。本文虽然为骈体文，但凝练朴实、感情深沉，具有强烈的艺术感染力！

经典原文

　　惟有宋五年①月日，湘州刺史吴郡张邵②，恭承帝命，建旟③旧楚。访怀沙④之渊，得捐佩⑤之浦。弭节罗潭⑥，舣舟汨渚⑦。乃遣户曹掾⑧某，敬祭故楚三闾大夫⑨屈君之灵：

　　兰薰⑩而摧，玉缜⑪则折，物忌坚芳，人讳明洁。

　　曰若先生⑫，逢辰之缺⑬。温风怠时⑭，飞霜急节⑮。赢、芊遘纷⑯，昭、怀不端⑰，谋折仪、尚⑱，贞蔑椒、兰⑲。身绝郢阙⑳，迹遍湘干㉑。

　　比物荃荪㉒，连类㉓龙鸾。声溢金石㉔，志华日月㉕。如彼树芳㉖，实颖实发㉗。

　　望汨心欷㉘，瞻罗思越㉙。藉用可尘，昭忠难阙㉚。

【注释】

　　①有宋五年：当指南朝宋景平二年（423）。

　　②湘州：今湖南长沙。吴郡：今江苏苏州。

　　③建旟（yú）：大将出镇。这里指张邵出为刺史。旟，画有鸟隼的旗。旧楚：湘州属故楚之地。

　　④怀沙：怀抱沙石自沉于江。

　　⑤捐佩：捐弃玉佩。出自屈原《九歌·湘君》："捐余玦兮江中，遗余佩兮澧浦。"得：到。

　　⑥弭（mǐ）节：驻车。罗潭：汨罗江。

　　⑦舣（yǐ）：移船靠岸。汨渚：汨罗江中的沙洲。

　　⑧户曹：掌管民户、祭祀、农桑的官署。掾（yuàn）：副官。

　　⑨三闾（lú）大夫：官名，战国时楚国特设。楚国王族分屈、景、昭三姓，三闾大夫负责处理三姓内务。

　　⑩薰：芬芳。

　　⑪缜（zhěn）：细润。

　　⑫曰若：助词。先生：指屈原。

⑬辰：时。缺：衰落。

⑭怠时：应时不至。喻败落。

⑮急节：急变了时令。

⑯嬴（yíng）：秦君之姓。芈（mǐ）：楚君之姓。遘（gòu）纷：制造纠纷。

⑰昭：秦昭王。怀：楚怀王。不端：不正。

⑱折：挫败。仪：张仪。战国时纵横家，秦国之相。尚：靳尚。楚国佞臣。

⑲贞：忠贞不贰。椒：子椒。楚之佞臣。兰：子兰。楚国司马，怀王少弟。

⑳郢（yǐng）阙：指楚都郢。

㉑干：岸。

㉒比物：连缀相类的事物，进行排比归纳。荃荪（quán sūn）：香草。

㉓连类：意同"比物"。

㉔金石：指钟磬一类的乐器发出的乐声。

㉕志华日月：指志节堪比日月之光芒。

㉖树芳：种植芳草。

㉗实：犹"是"。颖：结穗硕硕。发：发芽。

㉘欷（xī）：悲。

㉙思越：神思飞越。

㉚昭忠：显示忠信。阙：通"缺"。

【译文】

大宋景平二年某月某日，湘州刺史吴郡张邵，遵奉皇帝之命，在过去楚国的土地上，竖起刺史的旌旗。访问屈原的遗迹，寻找他投江的地方。在汨罗潭边停住节旄，洲渚旁泊下了船只。于是派遣户曹掾某某，祭奠楚国三闾大夫屈君的英灵：

芳兰因为香气而受摧折，美玉因为质地细润而遭毁坏。物品忌的是坚硬芬芳，人格忌的是明智高洁。

屈原先生啊，你生不逢辰。万物在温风吹拂中生长，而又在寒霜中被扼杀。秦、楚两国争端纷起，昭王用卑鄙的手段囚禁了怀王。你的才智压倒张仪、靳尚；你的志节非子椒、子兰所能比拟。可是你被迫离开了郢都，你的足迹遍布湘江。

你像那香草，虬龙、鸾凤才配得上做你的同类。你的声名远扬，如同钟磬奏出的音乐一样洪亮；你的志节像太阳、月亮，发出光芒。像开花的树木，结实颗颗饱满。

望着汨罗江，心中唏嘘，神思飞越。我借用白茅等微薄的祭品献给您，即使沾染上尘土也没有关系，而用它们来表明我对您的一片忠心却不可或缺啊！

一句话阅读

仙人有待乘黄鹤，海客无心随白鸥。
屈平辞赋悬日月，楚王台榭空山丘。

——（唐）李白

世说新语（节选）

刘义庆

推荐者

蔡世平

　　湖南湘阴人，中国国学中心顾问、特聘研究员，国务院参事室，中央文史研究馆中华诗词研究院原常务副院长，一级作家，词人，中国作家协会会员，中国当代诗词研究所所长，中国楹联学会顾问。主要作品集有词集《南园词》、楹联集《南园楹联》、散文集《大漠兵谣》、书法集《词随心动——蔡世平自书南园诗词》、诗论集《中华诗词现代化散论》等。因南园词创作，引发"蔡世平文学现象"。

推荐缘由

　　《孔文举年十岁》是一篇精彩的传记文字，也是一篇精彩的短篇小说。故事徐徐展开，且一波三折，暗藏机锋，生动有趣，引人入胜。

　　孔文举先是讲其祖先孔子与李元礼祖先李伯阳的师生关系，说明"我是李府君的亲戚"，是"老世交"了，哪有不见的道理。这是故事的一个小高潮，也为下文埋下一个伏笔。接下来叙述第二个人物太中大夫陈韪的出场，以两人的精彩对话收束全文，隆起一个大高潮。如果说与李伯阳的交锋是有备而来，并不十分令人惊叹，那么与陈韪的交锋则完全是"脑筋急转弯"，奇峰突起，叫人拍案称奇。文章以十岁孔文举的聪明、机智反衬大人物李元礼、陈韪的傲慢、无知。精读此文，我们会为古人会心一笑，然后沉思久久。

我推荐此文的理由，是让学生明白多学知识的重要性，并且学习如何把文章写得精彩好读。

经典原文

孔文举①年十岁，随父到洛。时李元礼②有盛名，为司隶校尉③；诣门者，皆俊才清称④及中表亲戚⑤乃通。文举至门，谓吏曰："我是李府君⑥亲。"既通，前坐。元礼问曰："君与仆⑦有何亲？"对曰："昔先君仲尼与君先人伯阳⑧有师资⑨之尊，是仆与君奕世⑩为通好也。"元礼及宾客莫不奇之。太中大夫⑪陈韪后至，人以其语语之，韪曰："小时了了⑫，大未必佳。"文举曰："想君小时，必当了了。"韪大踧踖⑬。

【注释】

①孔文举：孔融，字文举，是汉代末年的名士、文学家，建安七子之首。是孔子的二十世孙。曾多次反对曹操，被曹操借故杀害。

②李元礼：名膺，字元礼，东汉颍川襄城（今属河南）人。出仕之初举孝廉。在各种文献中，评价都很高，号称"天下楷模"。

③司隶校尉：官名，掌管监察京师和所属各郡百官的职权。

④清称：有清高的称誉的人。

⑤中表亲戚：指中表亲，跟父亲的姐妹的子女和母亲的兄弟姐妹的子女之间的亲戚关系。

⑥府君：太守称府君，太守是俸禄二千石的官，而司隶校尉是比二千石，有府舍，所以也通称府君（二千石的月俸是一百二十斛，比二千石是一百斛）。

⑦仆：谦称。

⑧伯阳：老子，姓李，名耳，字伯阳。

⑨师资：师。这里指孔子曾向老子请教过礼制的事。

⑩奕世：累世；世世代代。

⑪太中大夫：掌管议论的官。

⑫了了：聪明，明白通晓。

⑬踧（cù）踖（jí）：恭敬不安，意谓恭敬而不自然的样子。

【译文】

孔文举十岁时，随父亲到洛阳。当时李元礼名望很大，任司隶校尉；登门拜访的都必须是才子、名流和内外亲属，才让通报。孔文举来到他家，对掌门官说："我是李府君的亲戚。"经通报后，入门就坐。元礼问道："您和我有什么亲戚关系呢？"孔文举回答道："古时候我的祖先仲尼曾经拜您的祖先伯阳为师，这样看来，我和您就是老世交了。"李元礼和宾客们无不赞赏他的聪明过人。太中大夫陈韪来得晚一些，别人就把孔文举应对李元礼的话告诉了他，陈韪说："小时候聪明伶俐，长大了未必出众。"文举应声说："您小时候，想必是很聪明的了。"陈韪听了，感到很难为情。

一句话阅读

一身能擘两雕弧，虏骑千重只似无。
偏坐金鞍调白羽，纷纷射杀五单于。

——（唐）王维

别赋（节选）

江 淹

推荐者

韩高年

西北师范大学文学院教授，博士生导师，现任西北师范大学文学院院长。中国语言文学一级学科带头人、国家教育部新世纪优秀人才、甘肃省领军人才，兼任甘肃省先秦文学与文化研究中心副主任，中国屈原学会理事、中国诗经学会理事、全国赋学会理事、中国散文学会理事。

推荐缘由

《别赋》是南朝作家江淹的代表作之一，这篇赋作运用赋体特有的方式铺排陈述了人世间的各种令人黯然销魂的离别场面，点出人生聚少离多的无奈之情，寄寓了作者对身世际遇的感叹。作者融抒情于叙述之中，善于描摹各类人物对离别的不同感受，场面感极强，形象逼真，哀婉动人！骈俪化的语言中融进了《诗》《骚》及民歌语句，华丽与清新并具，厚重与灵动共存，堪称抒情小赋的上乘之作！

经典原文

　　黯然销魂①者，唯别而已矣。况秦吴兮绝国②，复燕宋③兮千里。或春苔兮始生，乍秋风兮暂④起。是以行子肠断，百感凄恻。风萧萧而异响，云漫漫而奇色。舟凝滞于水滨，车逶迟⑤于山侧，棹容与而讵前⑥，马寒鸣而不息。掩⑦金觞而谁御，横玉柱⑧而沾轼。居人愁卧，怳⑨若有亡。日下壁而沉彩⑩，月上轩而飞光。见红兰之受露，望青楸⑪之离霜。巡曾楹⑫而空掩，抚锦幕⑬而虚凉。知离梦之踯躅，意⑭别魂之飞扬⑮。故别虽一绪，事乃万族⑯……

【注释】

　　①黯然：心神沮丧，形容惨戚之状。销魂：即丧魂落魄。

　　②秦吴：古国名。秦国在今陕西一带，吴国在今江苏、浙江一带。绝国：相隔极远的邦国。

　　③燕宋：古国名。燕国在今河北一带，宋国在今河南一带。

　　④暂：突然之意。

　　⑤逶迟：徘徊不行的样子。

　　⑥棹（zhào）：船桨，这里指代船。容与：缓慢荡漾不前的样子。讵前：滞留不前。此处化用屈原《九章·涉江》中"船容与而不进兮，淹回水而疑滞"的句意。

　　⑦掩：覆盖。

　　⑧横：横持，阁置。玉柱：琴瑟上的系弦之木，这里指琴。

　　⑨怳（huǎng）：丧神失意的样子。

　　⑩沉彩：日光西沉。

　　⑪楸（qiū）：落叶乔木。枝干端直，高达三十米，古人多植于道旁。

　　⑫曾楹：高高的楼房。曾，同"层"。楹，屋前的柱子，此指房屋。

　　⑬锦幕：锦织的帐幕。

　　⑭意：同"臆"，料想。

　　⑮飞扬：心神不安。

⑯万族：不同的种类。

【译文】

最使人心神沮丧、失魂落魄的，莫过于别离啊。何况秦国吴国是相去极远的国家，更有燕国宋国相隔千里。有时春天的苔痕刚刚滋生，蓦然间秋风就萧瑟初起。因此游子离肠寸断，各种感触凄凉悱恻。风萧萧发出与往常不同的声音，云漫漫而呈现出奇异的颜色。船在水边滞留着不动，车在山道旁徘徊而不前，船桨迟缓怎能向前划动，马儿凄凉地嘶鸣不息。盖住金杯吧谁有心思喝酒，搁置琴瑟啊泪水沾湿车前轼木。居留家中的人怀着愁思而卧，恍然若有所失。映在墙上的阳光渐渐地消失，月亮升起，清辉洒满了长廊。看到红兰挂满了秋露，又见青楸蒙上了飞霜。巡行旧屋空掩起房门，抚弄锦帐枉生清冷悲凉。想必游子别离后梦中也徘徊不前，猜想别后的魂魄正飞荡飘扬。所以离别虽给人同一种意绪，但具体情况却千差万别……

一句话阅读

美人赠我金错刀，何以报之英琼瑶。
路远莫致倚逍遥，何为怀忧心烦劳。

——（东汉）张衡

文心雕龙·物色（节选）

刘　勰

推荐者

袁济喜

推荐缘由

　　《文心雕龙》是南朝文学理论家刘勰创作的一部文学理论专著。该书不仅体大思精，而且以精致的骈体文写成，富有文学美感。其中《物色篇》写出了自然山川之美，揭示了文学之美的本原是充满生机之自然，这对于当下我们的审美精神的重构，培养人们热爱自然、怀恋山川的意识大有教益。此文文采与情感相得益彰，极具美文价值。

经典原文

　　自近代①以来，文贵形似，窥情风景之上，钻貌草木之中。吟咏所发，志惟深远；体物②为妙，功在密附③。故巧言切状，如印之印泥，不加雕削，而曲写毫芥④；故能瞻言而见貌，印字而知时也。然物有恒姿，而思无定检⑤，或率尔造极，或精思愈疏。且《诗》《骚》所标⑥，并据要害，故后进锐笔⑦，怯于争锋。莫不因方以借巧，即势以会奇，善于适要⑧，则虽旧弥新矣。是以四序⑨纷回，而入兴贵闲⑩；物色虽繁，而析辞尚简；使味飘飘而轻举，情晔晔⑪而更新。古来辞人，异代接武⑫，莫不参伍以相变⑬，因革以为功，物色尽而情有余者，晓会通也。若乃山林皋壤⑭，实文思之奥府⑮，略语则阙，详说则繁。然则屈平所以能洞监风骚之情⑯者，抑亦江山之助乎！

　　赞曰：山沓水匝，树杂云合。目既往还，心亦吐纳⑰。春日迟迟，秋风飒飒。情往⑱似赠，兴来⑲如答。

【注释】

　　①近代：指刘宋时期。宋为南北朝时期南朝的第一个朝代。

　　②体物：描写景物。

　　③密附：描写的文字与实际景物完全贴切。

　　④曲写毫芥：曲，曲直、细致。豪芥，比喻细微之物。

　　⑤定检：固定的法则。

　　⑥《诗》《骚》所标：指《诗经》《楚辞》中对景物的精彩描绘。

　　⑦锐笔：指才思敏捷的人。

　　⑧适要：适应变化、抓住关键。

　　⑨四序：四季。

　　⑩闲：指虚静的状态。

　　⑪晔晔：鲜明的样子。

　　⑫异代接武：接武，接着前人的脚步。武，足迹、步伐。

⑬参伍以相变：即错综变化。

⑭皋壤：原野。皋，水边高地。

⑮奥府：深奥的府库。

⑯风骚之情：指诗歌写景抒情的要领。风骚，代指诗歌。

⑰吐纳：心灵受到感动而欲倾吐、抒发。

⑱情往：指以情观物。

⑲兴来：指景物引发感兴。

【译文】

　　自从刘宋以来，作品描写以逼真为贵，从风景里观察它的情态，从草木中钻研它的形状。歌诗的创作，情志只求深远，对事物描绘得好，功效只在于贴切。所以巧妙的语言贴切事物的形状，像在封泥上盖印，不用雕琢，却详尽地把极细微处都写出来了。因此看了这些语言就像看到景物的面貌一样，看了这些文字便知道时节的变化。然而景物都有它一定的姿态和形状，而人的思想却没有一定的框子，因此，有的人不经意一下就达到了极妙的境界，有的人用尽心思反而离得越远。而且在写景物声色方面，《诗经》《楚辞》中写景的名句，都抓住了景物的要害，所以后来才思敏捷的大手笔，在这方面也怯于和它们较量。没有不是凭着成规，借用前人巧妙的方法，依循文章发展的趋势，融会贯通去创作新奇的作品的。只要善于适应新的变化，那么虽然借用成规也是可以写得更新鲜的。因此，四季虽然循序相代，万物纷纷回环往复，而引起诗人的兴味重在心地闲静；景物的声色虽然十分繁杂，而分析事理运用言辞却重在简练；使文章的兴味飘飘荡荡自然升举，情采鲜明而清新。自古以来的作家，不同时代先后相接相承，他们无不注意错综运用前人的写作经验求变化，有继承有革新地收到效果。他们的作品之所以能做到形貌写尽而情味有余，就是因为懂得继承革新再求变通的道理。至于山水林泉、肥沃原野，实在是启发文思的宝库，但简略写来就会空洞不全，详细说来又会烦冗啰唆。那屈原之所以能够洞察诗歌的情韵，也还是靠江山的帮助吧！

　　总结：高山重叠，流水环绕，绿树交映，云霞聚合。目光往还驰骋欣赏景物，激起心中之情就有所抒发。春天的太阳舒畅柔和，秋天的西风萧飒愁人。一往情深观景似相赠，诗兴飞来好像酬答。

一句话阅读

草不谢荣于春风，木不怨落于秋天，
谁挥鞭策驱四运，万物兴歇皆自然。

——（唐）李白

与萧临川书

萧纲

方　铭

北京语言大学教授，孔子与儒家文化研究所所长，光明文学遗产研究院常务副院长、专家委员会主任。中国屈原学会会长，中国屈原学会宋玉研究会会长，《中国楚辞学》主编。主要从事经学诸子及辞赋的教学与研究工作。

推荐缘由

梁简文帝萧纲是位多产的作家，对骈体文的书写尤其用力，也是宫体文学的倡导者。中大通三年（531），因故太子萧统病逝，萧纲被立为太子，从外地返回京城，而他的好友萧子云则离京出任临川内史。因公务繁忙，萧纲来不及为萧子云设宴饯别，因此，写此信以表达思念和祝福之情。该信虽然短小，但是充分体现了骈体文骈俪、华美的特点，同时，又精确地传达了作者对朋友的深情厚谊。

经典原文

零雨①送秋，轻寒迎节②。江枫晓落，林叶初黄。登舟已积，殊足劳止③。解维金阙④，定在何日？

八区⑤内侍，厌直⑥御史之庐；九棘外府⑦，且息官曹⑧之务。应分竹南川⑨，剖符千里。

但黑水⑩初旋，未申十千⑪之饮；桂宫⑫既启，复乖双阙之宴⑬。文雅纵横⑭，即事分阻，清夜西园⑮，眇然未克⑯。

想征舻⑰而结叹，望横席⑱而沾襟，若使宏农⑲书疏，脱⑳还邺下；河南口占㉑，傥㉒归乡里；必迟青泥之封㉓，且觌朱明㉔之诗。白云在天㉕，苍波无极。瞻之歧路，眷慨良深。爱护波潮，敬勖㉖光彩。

【注释】

①零雨：绵绵细雨。

②节：指立冬。

③劳止：辛劳。止，语助词。

④维：绳索。此处指船的缆绳。金阙：宫阙。这里指梁朝都城建康。

⑤八区：《三辅黄图》记载，汉武帝后宫八区，有昭阳、飞翔、增成、合欢、兰林、披香、凤凰、鸳鸯等殿。

⑥直：同"值"。值班守夜。

⑦九棘：古代朝廷以树棘区别朝臣的品级，左右各九。外府：古代朝廷掌管外部事务的官署。这里指京都以外的州郡。

⑧曹：古代朝廷各部分科办事的官署，和州郡设置的属官均称"曹"。这里指后者。

⑨分竹：古代朝廷任命州郡长官，将符节剖分为二，双方各执其半作为凭信，又叫"剖符"或"剖竹"。南川：指临川。因在京城建康之南，故称。

⑩黑水：指雍州。

⑪申：同"伸"，舒展。十千：谓酒之名贵，每斗值十千钱。

⑫桂宫：汉代宫名。

⑬乖：违离，错过。双阙之宴：语本《古诗十九首》："两宫遥相望，双阙百余尺。极宴娱心意，戚戚何所迫？"阙，宫门前的牌楼，通常左右各一。

⑭文雅纵横：谓才思横溢。

⑮清夜西园：曹丕曾与曹植、刘桢等人欢宴后，在月下游览铜雀台之西园。

⑯眇：通"渺"，辽远。克，能够。

⑰征舻：远行之船。

⑱横席：高挂起的船帆。

⑲宏农：指东汉建安时期文学家杨修，字德祖，弘农人（宏农即弘农，清代避乾隆弘历讳改）。曹植与之友好，二人常有书信往来。

⑳脱：或许。

㉑河南口占：《汉书·游侠传》载，陈遵为河南太守，召善于书法的吏员十人于前，修治私书谢京师故人。陈遵靠在几案上，一边口授书吏，一边审查公事。书信数百封，亲疏各有意。口占，口授。

㉒傥：通"倘"，假如。

㉓青泥之封：指书信。古时用一种青色黏土来封缄书信。

㉔覯（gòu）：同"遘"，遇见。朱明：指夏季。此处指信件，意谓希望能在夏天收到来信。

㉕白云在天：《穆天子传》载西王母送别周穆王时所唱歌谣曰："白云在天，山陵自出。道路悠远，山川间之。"

㉖勖（xù）：勉励。

【译文】

绵绵细雨送走深秋，阵阵轻寒迎来立冬。江畔枫树清晨飘落，林中树叶开始枯黄。将要乘坐的行船已经聚积，远行赶路真是十分辛劳。自京城解缆启程，定在什么日子？长期在八区内廷侍奉，已经厌倦了御史房的值宿；将在九棘外府上任，暂且停息下官场的杂务。应当手执对分的竹节前往南川，佩带剖开的符印远赴千里。只是我刚从黑水返回，来不及安排美酒饯行的畅饮；东宫的事务已经启动，又错过了双阙之下的欢宴。才华横溢文思飞扬的酬唱，因为事务繁忙而被分隔阻断；清朗月夜漫步西园的游览，变得遥远渺茫而不能实现。想到远行的船只就郁结怨叹，望见高挂的帆席就泪湿衣衫。如果能像杨修在弘农写下奏疏，可以寄回到都城郢下；像陈遵在河南口授书吏，捎话问候家乡的故人；即使青泥缄封的书信必定延迟，也希望夏天就能见到你的诗篇。天上白云悠悠飘扬，眼前水波苍苍无边。望着分手道别的歧路，充满深沉的感慨和眷念。波潮起伏的行程上要多加保重，敬劝你爱护好光彩焕发的容颜。

一句话阅读

> 清溪流过碧山头，空水澄鲜一色秋。
> 隔断红尘三十里，白云红叶两悠悠。
>
> ——（北宋）程颢

小园赋（节选）

庚 信

推荐缘由

《小园赋》是庚信抒情小赋中的代表作，该文抒写了作者在羁留北朝时愁苦郁闷的心情。作者通过歌咏小园寄托了深婉的故国情思和身世之悲，蕴藉其中的家园意识与故国情怀至今让人追怀。可以与同时期的另一篇作品《枯树赋》相佐证、相媲美，两篇文章结合起来读，余味更加悠长。

经典原文

尔乃窟室①徘徊，聊同凿坯②。桐间露落，柳下风来。琴号珠柱，书名《玉杯》③。有棠梨而无馆，足酸枣④而非台。犹得敧侧⑤八九丈，纵横数十步，榆柳三两行，梨桃百余树。拨蒙密⑥兮见窗，行敧斜兮得路。蝉有翳兮不惊，雉无罗兮何惧。草树混淆，枝格⑦相交。山为箕覆⑧，地有堂坳⑨。藏狸⑩并窟，乳鹊重巢。连珠细茵，长柄寒匏⑪。可以疗饥，可以栖迟，崎岖兮狭室，穿漏兮茅茨⑫。檐直倚而妨帽，户平行而碍眉。坐帐无鹤⑬，支床有龟⑭。鸟多闲暇，花随四时。心则历陵⑮枯木，发则睢阳⑯乱丝。非夏日而可畏，异秋天而可悲。

一寸二寸之鱼，三竿两竿之竹。云气荫于丛蓍⑰，金精⑱养于秋菊。枣酸梨酢⑲，桃榹李薁⑳。落叶半床，狂花满屋。名为野人之家，是谓愚公㉑之谷。试偃息于茂林，乃久羡于抽簪㉒。虽有门而长闭，实无水而恒沉。三春负锄相识，五月披裘㉓见寻。问葛洪之药性，访京房之卜林。草无忘忧㉔之意，花无长乐㉕之心。鸟何事而逐酒，鱼何情而听琴？

【注释】

①窟室：地室。

②凿坯：穿墙而出。这里是用颜阖为避仕而凿墙逃遁之典。见《淮南子·齐俗训》。

③《玉杯》：汉董仲舒撰《玉杯》《蕃露》等书。今《春秋繁露》中有《玉杯》篇。

④棠梨、酸枣：汉代甘泉宫有棠梨馆，见《三辅黄图》；汉代陈留郡酸枣县（今河南延津县西南）酸枣寺门前有韩王听政台，见晋人孙楚《韩王故台赋序》。

⑤敧（qī）侧：倾斜。

⑥蒙密：茂密。

⑦格：长枝。

⑧箕覆：堆一筐土。

⑨堂坳：小坑。

⑩狸：山猫。

⑪匏：葫芦。

⑫茅茨：茅屋。

⑬无鹤：喻不能返乡。这里是用介象用仙术逃遁之典。见《神仙传》。

⑭有龟：喻自己安住小园，历久无灾。这里是用南方老人用龟支床足之典。见《史记·龟策列传》。

⑮历陵：今江西德安县东。汉属豫章郡。汉应劭《汉官仪》：豫章郡有大樟树，久枯，晋永嘉时复活，人们认为是晋室中兴之兆。

⑯睢阳：今河南商丘市南，春秋时宋国建都于此。《墨子·所染》：墨子见染丝者而叹曰："染于苍则苍，染于黄则黄，所入者变，其色亦变。"墨子是宋国人，这里由染丝想到发如素丝。

⑰著：著草，多年丛生，可入药。

⑱金精：九月上寅日采摘的甘菊名金精，可入药。

⑲酢："醋"的本字。

⑳樴（sī）：山桃。薁（yù）：山李。这里为协韵而倒文，应是"酸枣酢梨，薁桃樴李"。

㉑愚公：春秋时期齐国一老者自号愚公，齐桓公出猎，问此为何地，愚公称其所居为愚公之谷。见《说苑·政理》。

㉒抽簪：古人绾发用簪固定，然后戴冠。抽簪即披发，比喻不再做官。

㉓披裘：指隐者披裘公。见《高士传》。

㉔忘忧：即萱草。

㉕长乐：即紫花。傅咸《紫华赋序》："紫华一名长乐花。"

【译文】

于是徘徊于土筑小屋之中，心情如同为避仕而破墙出逃的人一样轻松。梧桐飘零纷落，柳下清风徐来。有珠柱之琴弹奏，有《玉杯》名篇诵读。棠梨茂郁而无宏奢宫馆，酸枣盛多而无华美台榭。还有不规则的小园八九丈，纵横几十步，榆柳两三行，梨桃百余棵。拨开茂密的枝叶即见窗，走过曲折的幽径可得路。蝉有树荫隐蔽不惊恐，雉无罗网捕捉不惧怕。草树混杂，枝干交叉。园内小山小得像一筐土堆成，堂上有小水坑。与藏狸同窟而居，与乳鹊并巢生活。细茵连若贯珠，葫芦绵蔓高挂。在此可以解饿，可以栖居。狭室高低不平，茅屋漏风漏雨。房檐不高能碰到帽子，户门低小直身可触眼眉。虽有坐帐，但归乡乏术；安住小园，历久无灾。鸟儿悠闲曼舞，花随四时开落。心如枯木，寂然无绪；发如乱丝，蓬白不堪。不怕炎热的夏日，不悲萧瑟的秋天。

游鱼一寸二寸，翠竹三竿两竿。雾气缭绕着丛生的蓍草，九月的秋菊采为金精。有酸枣酢梨、山桃郁李；积半床落叶，舞满屋香花。可以叫作野人之家，又可称为愚公之谷。在此卧息茂林之下乘荫纳凉，更可体味羡慕已久的散发隐居生活。园虽有门而经常关闭，实在是无水而沉的隐士。暮夏与荷锄者相识，五月受披裘者寻访。求葛洪药性之事，访京房周易之变。忘忧之草不能忘忧，长乐之花无心长乐。鸟何故而不饮鲁酒？鱼何情而出渊听琴？

一句话阅读

> 尽室扁舟客，还家万里途。
> 索居因仕宦，著论拟潜夫。
>
> ——（唐）权德舆

对烛赋

庚信

推荐者

韩高年

推荐缘由

庚信的《对烛赋》写于侯景之乱以前，应该是与萧纲、萧绎同题共作的唱和之笔。通过铺写对烛的典型场景，形象地呈现出闺中之人孤独寂寞的心情。作者熟练地组织运用七言句、四言句、五言句和三言句等多种句法，造成音韵铿锵、变化多端的节奏美；又通过圆熟自然的典故运用，创造出表层意与深层意相互交织、融合的含蓄蕴藉美。虽然是宫体赋，却是庚信早年赋作中的代表作。

经典原文

龙沙①雁塞甲应寒，天山②月没客衣单。灯前桁③衣疑不亮，月下穿针觉最难。刺取灯花持桂烛，还却灯檠④下灯盘。铸凤衔莲，图龙并眠。烬高疑数剪，心湿暂难然。铜荷承泪蜡，铁铗染浮烟。本知雪光能映纸，复讶⑤灯花今得钱。

莲帐寒檠窗拂曙，筼笼⑥熏火香盈絮。傍垂细溜，上绕飞蛾。光清寒入，焰暗风过。楚人缨脱尽，燕君⑦书误多。夜风吹，香气随。郁金苑，芙蓉池。秦皇辟恶⑧不足道，汉武胡香何物奇！晚星没，芳芜歇，还持照夜游，讵⑨减西园月！

【注释】

①龙沙：即沙漠。因沙丘蜿蜒起伏如龙状，故称。

②天山：古代称祁连山为天山。

③桁（hàng）：衣架。此处用作动词，指挂衣于架上。

④灯檠（qíng）：灯架。

⑤讶：惊讶。旧时认为结出灯花是进财的征兆，故惊讶于结出灯花。

⑥筼（yún）笼：竹制熏笼。用来熏烤衣被的器具。

⑦楚人、燕君：楚人，《说苑·复恩》载，楚庄王宴群臣，日暮酒酣，灯烛熄灭。有人暗中牵扯美人衣。美人拉断其人冠缨，请庄王举火照看是谁。庄王不听，反而令群臣全都扯断冠缨，复举火，尽欢而罢。后来此人在战斗中冒死救出庄王。燕君，《韩非子·外储说左上》载，有人致书燕国丞相，因灯光不明，就叫持烛者"举烛"，而在信中也误书上"举烛"二字。燕相得信后，以为"举烛者，尚明也；尚明也者，举贤而任之"。于是向燕君建议举用贤士，得到采纳，燕国大治。

⑧辟恶：香名。这里当指秦国的辟恶车（一种香车）。

⑨讵：岂。

【译文】

大漠边关的将士应该感觉到了铠甲的寒冷，天山月落时征人却仍然衣着单薄。在灯前挂衣还嫌不够明亮，月下穿针就更加觉得困难。挑去灯花点起桂烛，取下灯架放低烛盘。灯具上铸有凤衔莲花，刻着双龙并眠。总疑灯烬太高数次剪去，烛芯受潮暂时难以点燃。荷叶形的铜盘承接着点点烛泪，剪灯花的铁铗熏染上缕缕浮烟。本来知道穷人映着雪光读书，今夜却见结出灯花预兆进财。

莲花帐前一盏寒灯迎来了窗外曙色，竹熏笼上阵阵香气熏透了层层棉絮。烛身上垂着细细的烛泪，烛光旁围绕着一只只飞蛾。寒气侵入光焰凄清，冷风吹来灯火暗淡。楚庄王趁机下令群臣摘取冠缨，燕国君收到的书信因此出错。夜风阵阵吹来，香气随风飘荡。开满郁金香的苑囿，长着芙蓉花的池塘。秦始皇的辟恶香车何足道哉，汉武帝的西域异香不足为奇！纵然夜空的繁星隐没不见，花草的芳菲消逝歇息，持烛照明乘夜行游，岂能逊色于西园明月！

一句话阅读

> 何当共剪西窗烛，却话巴山夜雨时。
>
> ——（唐）李商隐

颜氏家训（节选）
颜之推

推荐者

常会营

北京师范大学中国哲学博士，孔庙和国子监博物馆研究部副研究员。主要研究方向为儒家哲学、礼乐文化以及孔庙国子监历史。已出版专著《〈论语集解〉与〈论语集注〉的比较研究》等，已在《人民论坛》《北京档案》《北京文博》《中国儒学》等刊物发表论文四十余篇。

推荐缘由

南北朝时期著名文学家、教育家颜之推的《颜氏家训》是记述作者个人经历、思想、学识以告诫子孙的著作。它是中国古代家庭教育理论宝库中的一份珍贵遗产，是中华民族历史上第一部内容丰富、体系宏大的家训，也是一部学术著作。总体来看，《颜氏家训》是一部有着丰富文化内蕴的作品，不失为中国古代优秀文化的一种，它在家庭伦理、道德修养方面至今仍然有着重要的借鉴作用。历代

　　统治者对《颜氏家训》非常推崇，甚至认为"古今家训，以此为祖"。

　　本文节选自《颜氏家训·慕贤篇第七》，主要论述圣贤难遇，我们一定要随缘相惜，在交友时必须谨慎，要与比自己强的人交朋友，才能不断提升自身素质。这种交友原则对今天的我们仍有指导意义。

经典原文

　　古人云："千载一圣，犹旦暮也；五百年一贤，犹比髆①也。"言圣贤之难得，疏阔如此。傥遭不世②明达君子，安可不攀附景仰之乎？吾生于乱世，长于戎马，流离播越③，闻见已多；所值名贤，未尝不心醉魂迷向慕之也。人在少年，神情未定，所与款狎④，熏渍陶染，言笑举动，无心于学，潜移暗化，自然似之；何况操履艺能，较明易习者也？是以与善人居，如入芝兰之室，久而自芳也；与恶人居，如入鲍鱼之肆，久而自臭也。墨子悲于染丝，是之谓矣。君子必慎交游焉。孔子曰："无友不如己者。"颜、闵⑤之徒，何可世得！但优于我，便足贵之。

【注释】

　　①比髆（bó）：犹比肩。髆，同"膊"。

　　②不世：指不当其世而出现。

　　③流离播越：指颠沛流离。

　　④款狎：亲近。

　　⑤颜、闵：指孔子弟子颜回、闵损，前者有仁名，后者有孝行。

【译文】

　　古人说："一千年出一位圣人，近得像从早到晚之间；五百年出一位贤人，近得像肩碰肩。"这是讲圣人贤人是如此稀少难得。假如遇上世间所少有的明达君子，怎能不亲近景仰呢？我出生在乱离之世，在兵荒马乱之中长大，颠沛流离，见闻已多；遇上名流贤士，总是心醉魂迷地向往仰慕。人在年少时候，精神意态还未定型，和人家交往亲密，受到熏染陶冶，人家的一言一笑一举一动，即使无心去学习，也会潜移默化，自然相似；何况人家的操行技能，是更为明显易于学习的东西呢！因此和善人在一起，如同进入养育芝兰的花房，时间一久自然就芬芳；若是和恶人在一起，如同进入卖鲍鱼的店铺，时间一久自然就腥臭。墨子看到染丝，感叹纯洁的丝被不同的颜色所沾染，说的也正是这个意思。所以君子在交友方面必须谨慎。孔子说："不要和不如自己的人做朋友。"像颜回、闵损那样的人，哪能常有！只要有优胜于我的人，就很珍贵。

一句话阅读

> 效高人远节，闻一得三，志在善人。
>
> ——（东汉）王修

三、唐宋文

书谱（节选）

孙过庭

邹方程

首都师范大学书法教师，副教授，书法硕士生导师，中国书法家协会会员。代表作有《识规律写好字》《六朝社会与寒人书法》等。注释有《姜夔续书谱》《黄庭坚论书法》《历代书法精论·元代卷》等。

唐代孙过庭的《书谱》是中国书法理论史上的一座里程碑，其内容涵盖书法本质论、功用论、创作论、技法论、书体论、风格论、学习论、鉴赏论等各个方面，思想深刻，文辞优美。所选三个段落，第一段宏观论述"平正—险绝—复归平正"的书法人生之路，第二段具体论述学习书法要"察之者尚精，拟之者贵似"的道理，第三段论述"违而不犯，和而不同"的书法创作最高境界，皆为千古名段。

经典原文

　　若思通楷则①，少不如老；学成规矩，老不如少。思则老而逾妙，学乃少而可勉②。勉之不已，抑有三时③；时然一变，极其分矣④。至如初学分布⑤，但求平正⑥；既知平正，务追险绝⑦；既能险绝，复归平正。初谓未及，中则过之，后乃通会⑧。通会之际，人书俱老。

　　嗟乎！盖有学而不能，未有不学而能者也。考之即事⑨，断可明焉。然消息多方⑩，性情不一，乍刚柔⑪以合体，忽劳逸而分驱⑫。或恬澹雍容⑬，内涵筋骨；或折挫槎枿⑭，外曜峰芒⑮。察之者尚精，拟之者贵似⑯。况⑰拟不能似，察不能精，分布犹疏，形骸未检⑱。跃泉之态⑲，未睹⑳其妍，窥井之谈㉑，已闻其丑。纵欲搪突㉒羲、献，诬罔㉓锺、张，安能掩当年之目，杜㉔将来之口！慕习之辈㉕，尤宜慎诸㉖。

　　至若数画并施㉗，其形各异；众点齐列，为体互乖㉘。一点成一字之规，一字乃终篇之准㉙。违而不犯，和而不同㉚；留不常迟㉛，遣不恒疾㉜。带燥方润，将浓遂枯㉝。泯规矩㉞于方圆，遁钩绳㉟之曲直。乍㊱显乍晦，若行若藏，穷变态㊲于豪端，合情调于纸上。无间心手，忘怀楷则㊳，自可背羲、献而无失，违锺、张而尚工。

【注释】

　　①思通楷则：深入思考，领悟书法的法则、规律。

　　②思则老而逾妙，学乃少而可勉：研究探索，年纪越大越能得其精妙；而临习苦学，年纪越轻越有条件进取。

　　③勉之不已，抑有三时：使学书者努力学习而不停顿，还必须经过三个阶段。之，代词，此指学书者。已，停止。抑，连词，还，表轻微的转折。时，时代，这里指阶段。

　　④时然一变，极其分矣：每一个阶段都会形成一个变化，最后达到他所预想的最高境界。然，成，形成。分（fèn），料想。

⑤至如：至于像。分布：字的结构布局。

⑥但：只，仅仅。平正：指字体的间架、结构平稳端正。

⑦务：副词，一定，务必。险绝：指字体的间架、结构奇崛不平。

⑧通会：融会贯通。

⑨即事：此事，指学书之道。

⑩然：不过，但是。消息多方：指书法发展变化的规律是多方面的。消，灭，减少；息，生，增长。消息连言，指事物发展有盛有衰的反复变化。

⑪乍：刚刚，忽然。刚柔：刚劲与柔媚。

⑫劳逸：本指劳作与休息，此引申为躁动与恬静；分驱：背道而驰。

⑬或：有时。恬澹雍容：安闲淡泊，温文尔雅。

⑭折挫槎（chá）枿（niè）：形容笔画的曲折交错纵横。折，曲折。挫，按抑之笔。槎，斜砍。枿，砍去而又复生的枝条。槎枿，可喻为断笔与断笔相接之笔画。

⑮外曜（yào）峰芒：外露锋芒。曜，照耀，引申为显露。峰，此处同"锋"，笔锋。

⑯察：观察。精：精到，精细，精致。拟：临摹。

⑰况：连词，表递进关系，何况，况且。依上下文义，此处似释为表示假设关系的"如果"为佳。

⑱踈：即"疏"，不周密。形骸：人的形体骨骼，此与"分布"义同，指字体的间架结构。检：法度、法则。

⑲跃泉之态："泉"应为"渊"，此为避唐高祖李渊讳而改。"跃渊"语见《易·乾卦》："九四或跃在渊。"此处比喻书法体势的飘逸生动，如龙之跃渊。

⑳睹：看见。此处乃"理解"之义。

㉑窥井之谈：坐井观天的说法。比喻见识鄙陋肤浅。语见韩愈《原道》："坐井而观天，曰天小者，非天小也。"

㉒纵：即使。搪突：即唐突，冒犯，此谓贬低之义。

㉓诬罔：诬蔑、欺骗，此主要指诬蔑。

㉔杜：杜绝，堵塞。

㉕慕习之辈：因仰慕而学习书法的人。

㉖尤宜：尤其应该。诸：语末助词，无义。

㉗施：设置。

㉘为体互乖：体态各不相同。

㉙终篇之准：全篇的准则。

㉚违而不犯、和而不同：指笔画之间，字与字之间互有不同，却不互相干扰，彼此之间和谐又不雷同。

㉛留不常迟：驻笔淹留而不感到迟缓。常，经常，总是。

㉜遣不恒疾：送笔并不总是迅疾。

㉝带燥方润，将浓遂枯：燥笔中含有润泽，浓墨中存有枯劲。

㉞泯规矩：泯灭规矩。此指不需要、不依靠规矩。

㉟遁：逃、离开。钩：取曲的器具。绳：取直的器具。

㊱乍：忽然，刚刚。显：显露。晦：隐晦。

㊲穷变态：穷尽形态的变化。

㊳无间心手：心和手之间没有间距。忘怀楷则：从心中忘掉法则。怀，心意，心情。

【译文】

　　如果论通过思考而精通书法的规律、法则，年轻人不如老年人；若论通过训练学习而掌握书法的技能技巧，则老年人不如年轻人。思考书法的规律，年龄越长越能得其精妙；而学习法度，年纪越轻越有条件进取。书法学习者长期不断努力，还必须经过三个阶段；每个阶段都会形成一个变化，最后达到最高境界。例如初学分行布局时，主要求得字体平稳方正；已经掌握了平正的法度，重点就要力追形势的险绝；已经懂得了险绝的变化，又要重新讲求平侧欹正的规律。初期可说还未达到平正的要求，中期则会险绝过头，又往往超出了书法的法度，后期才能融会百家、贯通古今，真正实现平正。当融会贯通的时候，人老了，书法也随之成熟了。

　　确实是这样啊，世上只有努力学习还没有学会的，从来没有不学习就会了的。把这个道理放到书法学习中进行考察，即可明白这个道理。但是，书法发展变化的规律是多方面的，书写者的秉性情感更是千差万别的，刚刚还阳刚与阴柔合于一体，忽然又运动与安静变化分明。有时安闲淡泊，温文尔雅，笔画硬朗而富有弹性；有时又曲折顿挫，纵横交错，笔画锋芒毕露而神采照人。所以，学习书法的时候，观察一定要精细，临摹一定要准确。如果临摹不像，观察不精，就会结构松散，形态不合法度，书法中那些如龙跃渊的美好生动的形态就很难理解，而对书法的坐井观天般肤浅俗陋的认识一出口就会暴露无遗。即使想要贬低王羲之、王献之，污蔑钟繇、张芝，也不能掩盖当年人们的眼睛，堵住后来学者的口舌！仰慕、学习书法的人，尤其应该慎重对待书法学习。

至于像很多横一起安排，他们形态各异；很多点一起摆放，他们体势不同。一个点成为一个字的法度，一个字则是一个篇章的准则。一篇之中，每个笔画、每个字既互有不同又不互相违背，既整体和谐又各不相同；留笔不感到迟缓，迅笔不流于滑速。燥笔中带有润泽，浓墨中含有枯劲。不依尺规衡量能令方圆适度，弃用钩绳准则而致曲直合宜使锋忽露而忽藏，运毫若行又若止，极尽字体形态变化于笔尖，调和作者情趣格调于纸上。心手相应，毫无拘束，自然可以背离王羲之、王献之而不会丢失法度，违背钟繇、张芝的规范而依然工妙。

一句话阅读

> 作字之要，下笔须沉着，虽一点一画之间，皆须三过其笔，方为法书。
>
> ——《书法三昧》

梅花赋（节选）

宋　璟

推荐者

方　铭

推荐缘由

咏梅的诗文历代延绵不绝，或讴歌赞美，或别有幽怀，不一而足。《梅花赋》是唐代名相宋璟入仕之前的作品，采用托物言志的手法，表达了作者保持高洁品性而矢志不渝的气节，作为一篇咏物赋，敷陈而收放自如，语言工整而诚实，以物咏人，言有尽而意无穷。乾隆皇帝对宋璟的《梅花赋》推崇备至，曾亲笔手录全文，并作诗一首，画古梅一幅。

经典原文

若夫琼英①缀雪，绛萼著霜，俨如傅粉，是谓何郎②；清馨潜袭，疏蕊暗臭，又如窃香，是谓韩寿③；冻雨晚湿，宿露朝滋，又如英皇泣于九嶷；爱日烘晴，明蟾照夜，又如神人来自姑射④；烟晦晨昏，阴霾昼闭，又如通德掩袖拥髻⑤；狂飙卷沙，飘素摧柔，又如绿珠轻身坠楼。半开半合，非默非言，温伯雪子，目击道存；或俯或仰，匪笑匪怒，东郭顺子，正容物悟。或憔悴若灵均，或欹傲若曼倩，妩媚若文君，或轻盈若飞燕，口吻雌黄，拟议殆遍。

　　彼其艺兰兮九畹，采蕙兮五柞，缉之以芙蓉，赠之以芍药，玩小山之丛桂，掇芳洲之杜若⑥，是皆出于地产之奇，名著于风人⑦之托。然而艳于春者，望秋先零⑧；盛于夏者，未冬已萎。或朝开而速谢，或夕秀而遄衰。曷若兹卉，岁寒特妍，冰凝霜冱，擅美专权。相彼百花，孰敢争先？莺语方蛰，蜂房未喧，独步早春，自全其天。

【注释】

　　①琼英：似玉的美石。

　　②何郎：指三国魏驸马何晏。其人仪容俊美，平日喜修饰，粉白不去手，行步顾影，人称"傅粉何郎"。后即以"何郎"称喜欢修饰或面目姣好的青年男子。

　　③韩寿：西晋开国功臣贾充的女婿。曾与贾充小女儿贾午私通，贾午赠其西域奇香。《晋书》称其："美资貌，善容止。"

　　④姑射（yè）：山名。在山西省临汾市西，即古石孔山，九孔相通。

　　⑤拥髻：指捧持发髻。

　　⑥芳洲：芳草丛生的小洲。杜若：多年生草本植物。

　　⑦风人：诗人。

　　⑧望秋先零：比喻体质弱，经不起风霜；也比喻未老先衰。

【译文】

　　梅花那如玉的花瓣沾满雪花，绛红色的花萼上遍布白霜，就如抹上了一层白粉，真像白面傅粉的何郎；稀疏的花朵暗暗散发香气，淡淡的梅香渐渐充溢四周，又像偷来西域的奇香，那就是风流幸运的韩寿；夜晚的雨打湿了它的全身，早晨的冷露滋润着它的形体，又像大舜的妃子娥皇女英，痛悼悲泣于九嶷山；清明的阳光照耀它格外妩媚，如水的夜月衬托它分外皎洁，又像冰雪肌肤的神仙，来自遥远缥缈的姑射；早晚时昏暗的烟雾弥漫长空，白昼时云雾笼罩阴沉的天气，又像西汉美女樊通德，抑郁掩袖捧发抽泣；狂风起尘沙，迎面扑来，吹落鲜花摧残嫩柔，又像晋代名妓绿珠，不堪凌辱舍身跳楼。它的花苞半开半合，像人欲言又止的嘴唇，如同楚国君子温伯雪子，触目便知高洁品格的涵存；它的枝条有俯有仰，它的花朵端庄大度，恰如魏国贤人东郭顺子，姿容端正使人望之顿悟。有的瘦弱憔悴如同被逐江南的屈原，有的轻慢傲视就像诙谐滑稽的东方朔，有的妩媚可爱就像西汉才女卓文君，有的轻盈纤柔如同能歌善舞的赵飞燕，我随口评议，揣度描写，实在难以把梅花描绘全面。

　　那些种植在花圃中的兰花，从行宫里采集来的蕙草，聚集于池塘中的出水芙蓉，男女互赠作为爱情信物的芍药，淮南小山玩赏喜爱的丛丛桂树，从香草遍地的沙滩摘来的杜若，这些香物都是物产中的奇宝，靠着诗人们的歌咏而美名远播。然而它们有的虽然在春天争芳斗艳，将近秋季却先凋零飘坠；有的于夏季繁盛一时，未到冬天就已干瘪枯萎。有的早晨开花很快凋谢；有的晚上定蕊迅速衰颓。哪像这卓立突出的梅花，酷寒深冬更加芬芳美妍，冰封大地，霜凝雪冻，它却傲寒斗雪把美景独占。再看那些百花众草，谁敢与梅英争先？黄莺的鸣叫还没有开始，蜂房还未繁闹声喧，只有梅花独立于早春，把自己的自然天性保全。

一句话阅读

　　梅花开尽百花开，过尽行人君不来。
　　不趁青梅尝煮酒，要看细雨熟黄梅。

——（北宋）苏轼

贞观政要·任贤（节选）

吴 兢

程方平

中国人民大学教育学院教授、博士生导师。曾任中央教科所研究员、学术委员会主任。1988—1998 年兼任中国科协科技人才交流中心教育与科普研究所所长。2011 年至今，兼任北京什刹海书院教研副院长；2004—2007 年兼任《学习报·教育世界》主编；2005—2008 年兼任《大学：研究与评价》编委会副主任，现为编委。主要研究领域为：教育史、比较教育、教师教育、教育管理、书院学、书道。

推荐缘由

《贞观政要》是记录唐代开国皇帝李世民励精图治言行的，主要讲治国、安邦与各方面的实践实录，但对普通老师也很有借鉴意义。《老子》云"治大国若烹小鲜"，讲的是做事可以举重若轻，老师们可以反其道而行之，用这种治国安邦的智慧管理学校、班级。《任贤》与如何培养人才、如何评价人才等都有关系。

希望老师们能由此开始，阅读全文。

经典原文

　　魏徵，钜鹿人也。近徙家相州之内黄。武德末，为太子洗马①。见太宗与隐太子②阴相倾夺，每劝建成早为之谋。

　　太宗既诛隐太子，召徵责之曰："汝离间我兄弟，何也？"众皆为之危惧。徵慷慨③自若，从容对曰："皇太子若从臣言，必无今日之祸。"太宗为之敛容，厚加礼异，擢拜④谏议大夫⑤。数引之卧内，访以政术。徵雅⑥有经国之才，性又抗直⑦，无所屈挠。太宗每与之言，未尝不悦。徵亦喜逢知己之主，竭其力用。又劳之曰："卿所谏前后二百余事，皆称朕意。非卿忠诚奉国，何能若是！"

　　三年，累迁秘书监，参预朝政，深谋远算，多所弘益。太宗尝谓曰："卿罪重于中钩⑧，我任卿逾于管仲，近代君臣相得，宁有似我于卿者乎？"

　　六年，太宗幸九成宫，宴近臣，长孙无忌曰："王珪、魏徵，往事息隐，臣见之若仇，不谓今者又同此宴。"太宗曰："魏徵往者实我所仇，但其尽心所事，有足嘉者。朕能擢而用之，何惭古烈？徵每犯颜切谏，不许我为非，我所以重之也。"徵再拜曰："陛下导臣使言，臣所以敢言。若陛下不受臣言，臣亦何敢犯龙鳞、触忌讳也！"太宗大悦，各赐钱十五万。

　　七年，代王珪为侍中，累封郑国公。寻以疾乞辞所职，请为散官⑨。太宗曰："朕拔卿于仇虏之中，任卿以枢要之职，见朕之非，未尝不谏。公独不见金之在矿，何足贵哉？良冶锻而为器，便为人所宝。朕方自比于金，以卿为良匠。虽有疾，未为衰老，岂得便尔耶？"徵乃止。

　　……

　　太宗后尝谓侍臣曰："夫以铜为镜，可以正衣冠；以古为镜，可以知兴替；以人为镜，可以明得失。朕常保此三镜，以防己过。今魏徵殂逝⑩，遂亡一镜矣！"因泣下久之。乃诏曰："昔惟魏徵，每显予过。自其逝也，虽过莫彰。朕岂独有非于往时，而皆是予兹日？故亦庶僚苟顺，难触龙鳞者欤！所以虚己外求，披迷内省。言而不用，朕所甘心。用而不言，谁之责也？自斯已后，各悉乃诚。若有是非，直言无隐。"

【注释】

①太子洗（xiǎn）马：太子的侍从官。洗马，本为在马前驰驱之意，出行时为前导，故名。

②隐太子：指李世民的哥哥李建成。李世民继位后，追封李建成为息王，谥"隐"。

③慷慨：充满正气，情绪激昂。

④擢拜：提拔授官。

⑤谏议大夫：官名，专掌谏议得失。始置于秦代。

⑥雅：平素，素来。

⑦抗直：刚直不屈。

⑧中钩：指春秋时管仲用箭射中公子小白衣带钩事。

⑨散官：有官名而无固定职事之官。与职事官相对而言。

⑩殂（cú）逝：逝世。

【译文】

　　魏徵，钜鹿人，前不久迁居到相州的内黄。武德末年，做太子洗马。当他看到太宗同隐太子李建成暗中倾轧争夺，常劝建成早作打算。

　　太宗杀了隐太子后，把魏徵叫来责问："你为什么要离间我们兄弟？"当时大家都替魏徵担惊受怕，魏徵慷慨自若，不慌不忙地回答说："皇太子如果听了我的话，肯定不会有今天的杀身之祸。"太宗听了这话后肃然起敬，对他格外敬重，并提升他为谏议大夫，多次把他请进卧室，向他请教治理国家的办法。

魏徵素有治国的才能，性情刚直不阿，不屈不挠。太宗每次和他交谈，从来没有不高兴的。魏徵也欣幸遇到了赏识自己的主子，竭尽全力来效劳。太宗抚慰他说："你以前直言劝谏我的前后共有两百多件事，都称我的心意，若不是你忠心为国，怎能如此？"

贞观三年，几经升迁的魏徵做上了秘书监，参与管理朝政大事。他深谋远虑，起了很好的作用。太宗曾对他说："论你的罪过比当年管仲射中齐桓公的衣带钩还要严重，而我对你的信任却超过了齐桓公对管仲的信任，近代君臣之间融洽相处，难道还有谁能像我这样对你的吗？"

贞观六年，太宗驾幸九成宫，设宴招待亲近的大臣，长孙无忌说："王珪、魏徵过去侍奉隐太子，我见到他们就像见到仇敌一样，想不到今天会在一起参加宴会。"太宗说："魏徵过去确实是我的仇敌，但他能尽心尽力侍奉主子，这是很值得称道的。我能够提拔重用他，自比古人应无愧色！魏徵常常不顾情面恳切劝谏，不许我做错事，所以我器重他。"魏徵向太宗拜了两拜说："陛下引导我提意见，我才敢提意见。如果陛下不接受我的意见，我又怎么敢去犯龙鳞、触忌讳呢？"太宗龙颜大悦，赏赐每人十五万钱。

贞观七年，魏徵取代王珪任侍中，加封到郑国公。不久因病请求辞去所任的官职，只做个闲职散官。太宗说："我把你从仇敌中选拔出来，委任你中枢机要的职务，你看到我不对的地方，从没有不劝谏的。你难道没看到埋在矿里未经提炼的黄金吗？它有什么可贵的呢？若遇上高明的冶金工匠把它锻炼成器物，就会被人们当作宝贝。因此我把自己比作黄金，把你当作高明的冶炼工匠。你虽然有病，但还不算衰老，怎能想就此辞职呢？"魏徵听了只好作罢。

……

太宗后来常对身边的大臣们说："用铜当镜子，可以端正衣冠；用历史当镜子，可以知道历代兴衰更替；用人当镜子，可以明白自己的得失。我常常保有这三面镜子，用来防止自己犯过错。如今魏徵去世，就失掉了一面镜子！"因而哭了很久。于是太宗下诏说："过去只有魏徵能经常指责我的过错。自从他去世后，我虽有过错也没有人敢公开指出。难道我只在过去有错误，而今天全是正确的吗？恐怕还是百官苟且顺从，不敢来触犯龙鳞吧！所以我再次虚心征求意见，以便清醒头脑进行反省，你们直言劝谏了而我不采用，我愿承担责任。我需要采纳忠言而大家又不说，这个责任谁来承担呢？从今以后，大家都要竭尽忠诚，若我有不对的言行，你们要直言劝谏，不要保留隐瞒。"

一句话阅读

君，舟也；人，水也。水能载舟，亦能覆舟。

——（唐）魏徵

茶经（节选）

陆　羽

推荐者

常会营

推荐缘由

　　一花一世界，一叶一人生。文中所讲的虽然是茶的来源和功用，实际上其中蕴含着很深刻的人生哲理。上品的茶所生之地极为恶劣，中品的茶所生之地稍好一些，下品的茶则所生之地条件优越。所谓"寒门出孝子""穷人的孩子早当家""自古英雄出磨难，从来纨绔少伟男""宝剑锋从磨砺出，梅花香自苦寒来"，皆是此意。同时，它教导我们一定要按时学习，当时而不学，犹如茶经三年而不采，则虽勤奋却难成功。它也教导我们厉行勤俭节约，这与茶的品质是一样的。最后，它教导我们一定要谨慎选择所处的外在环境，比如孟母三迁，选择与仁人君子为邻，奋发向上，才能学有所成。

经典原文

茶者，南方之嘉木也，一尺二尺，乃至数十尺。其巴山、峡川有两人合抱者，伐而掇之。其树如瓜芦，叶如栀子，花如白蔷薇，实如栟榈①，蒂如丁香，根如胡桃。其字，或从草，或从木，或草木并。其名，一曰茶，二曰槚，三曰蔎，四曰茗，五曰荈。

其地：上者生烂石，中者生栎壤，下者生黄土。凡艺而不实，植而罕茂。法如种瓜，三岁可采。

野者上，园者次；阳崖阴林，紫者上，绿者次；笋者上，牙者次；叶卷上，叶舒次。阴山坡谷者，不堪采掇，性凝滞，结瘕②疾。

茶之为用，味至寒，为饮最宜。精行俭德之人，若热渴、凝闷、脑疼、目涩、四支③烦、百节不舒，聊四五啜，与醍醐④、甘露抗衡也。采不时，造不精，杂以卉莽⑤，饮之成疾。

茶为累⑥也，亦犹人参，上者生上党，中者生百济、新罗，下者生高丽；有生泽州、易州、幽州、檀州者，为药无效，况非此者！设服荠苨⑦，使六疾不瘳⑧。知人参为累，则茶累尽矣。

【注释】

①栟榈（bīng lú）：棕树。

②瘕（jiǎ）：腹中肿块。

③支：同"肢"。

④醍醐：酥酪上凝聚的油，味甘美。

⑤卉莽：野草。

⑥累：拖累，不好的影响。

⑦荠苨（nǐ）：一种形似人参的野果。

⑧瘳（chōu）：病愈。

【译文】

　　茶树是原产在我国南方的一种优良树木。树高一二尺，高者数十尺。在巴山和三峡一带最粗的茶树要两人合抱，只有将它的枝条伐下后才能采叶。茶树的树形像瓜芦，叶子像栀子，茶花像白色的蔷薇，种子与棕榈树的种子很相似，其柄蒂像丁香，树根如胡桃。"茶"字，从字源上说，或从属于"草"部，或从属于"木"部，或既从草又从木。茶的俗名有五种，一是称作"茶"，二是称作"槚"，三是称作"蔎"，四是称作"茗"，五是称作"荈"。

　　适应种植茶的土壤，以岩石充分风化的土壤最好，夹砂石的砾壤就差一些，而生黄土用来种茶则更差一些。凡种植茶树，培育管理工作不仔细，技术掌握不当，种植后很少生长茂盛。如果按照种瓜的方法种植，经过三年就可以采茶了。

　　茶的品质以山野自然生长的为最好，在园圃中种植的就较差。生长在向阳山坡并有林木遮阳的茶树，其芽叶呈紫色的为好，绿色的则较差；芽叶以节间长，外形细长如春笋的最好，芽叶细弱的较差；叶片还没有完全展开，或叶缘卷曲的品质好，嫩叶初展时平铺摊开的较差。如果茶树生长在背阳的山谷阴地，不值得采摘，因其性质凝滞，喝了会使人腹胀。

　　茶的功用，因为它的性质冷凉，可以降火，作为饮料最适宜。那些气质高尚、清静淡泊、有节俭美德的人，如果感觉体热、口渴、闷燥、头疼、眼睛倦涩、四肢无力、关节不畅，喝上几口茶，其效果可与最好的饮料醍醐、甘露相媲美。但是如果采茶不适时，制茶不精细，并混杂有其他杂草、败叶，这样的茶喝了就会生病。

　　茶的不良作用和服用人参一样。人参以上党出产的为最好，百济、新罗的为中等，高丽的下等；而泽州、易州、幽州、檀州出产的品质最差，做药用也无疗效，更何况还不如它们的呢！如果误将荠苨当人参服用，将使疾病不得痊愈。明白了关于用人参的比喻，喝茶的不良影响，也就可以明白了。

一句话阅读

读书有三到，谓心到，眼到，口到。

——（南宋）朱熹

原道（节选）

韩　愈

推荐者

彭永捷

中国人民大学哲学院教授、博士生导师。中国人民大学孔子研究院副院长。研究方向为中国哲学、政治哲学、儒教等。主要著作有《中国纵横家》《朱陆之辩》《中国道家》《忠——尽己报国的责任》等。主要论文有《论中国传统文化的转生》《应用伦理学的社会功能》《纵横家的伦理观与方法论》等近百篇。

推荐缘由

韩愈是唐代著名文学家，古文运动领袖，唐代儒学的重要代表。古文运动是一场以文学运动的形式开展的儒家文化复兴运动。

古文运动的口号是"文以载道"。"文以载道"的"道"究竟是什么道？韩愈《原道》一文旗帜鲜明地给出回答。"博爱之谓仁，行而宜之之谓义"。这个道是儒家的仁义之道，而非当时颇为流行和兴盛的佛教和道教的"道"。韩愈在文中提出儒家传承仁义之道的道统说，即孔子之前的"圣王"尧、舜、禹、汤、文王、武王、周公和孔子及以后的孟子。孟子之后这个道统就断了，需要后人去担当和接续。文章还提出一个至今仍令人深省的问题，即中国究竟在什么意义上才是中国？或者说，中国具有怎样的文化规定性。中国人区分华夷的态度，乃是以文化作为标准，"中国则中国之，夷狄则夷狄之"。如果中国人放弃了儒家文化传统，离开了仁义之道，又如何从文化上去说明和理解中国呢？韩愈提出的道统说和中国论，对唐代和宋代学者都有深刻影响，成为声势浩大的儒家文化复兴运动的先声。

　　韩愈在《原道》一文中提出的问题和思想，不仅对我们理解古文运动和宋代理学的产生颇有帮助，而且对我们今天思考文化问题和理解儒学在今天复兴的巨大意义，也不无启发意义。

经典原文

　　夫所谓先王之教者，何也？博爱之谓仁，行而宜之之谓义。由是而之焉之谓道，足乎己无待于外之谓德，其文《诗》《书》《易》《春秋》，其法：礼、乐、刑、政，其民：士、农、工、贾，其位：君臣、父子、师友、宾主、昆弟、夫妇，其服：麻、丝，其居：宫、室，其食：粟米、果蔬、鱼肉。其为道易明，其为教易行也。是故以之为己，则顺而祥；以之为人，则爱而公；以之为心，则和而平；以之为天下国家，无所处而不当。是故生则得其情，死则尽其常。郊①焉而天神假②，庙③焉而人鬼飨。曰：斯道也，何道也？曰：斯吾所谓道也，非向所谓老与佛之道也。尧以是传之舜，舜以是传之禹，禹以是传之汤，汤以是传之文武④周公，文武周公传之孔子，孔子传之孟轲，轲之死，不得其传焉。荀⑤与扬⑥也，择焉而不精，语焉而不详，由周公而上，上而为君，故其事行；由周公而下，下而为臣，故其说长。然则如之何而可也？曰：不塞不流，不止不行。人其人⑦，火其书，庐其居⑧。明先王之道以道⑨之，鳏寡孤独废疾⑩者有养也。其亦庶乎⑪其可也。

【注释】

① 郊：郊祀，祭天。

② 假：通"格"，到。

③ 庙：祭祖。

④ 文：周文王姬昌。武：周武王姬发。

⑤ 荀：荀子，名况，又称荀卿、孙卿。战国末年思想家、教育家。

⑥ 扬：扬雄（约前53—18），字子云，西汉末年文学家、思想家。

⑦ 人其人：指下令将僧、道还俗为民。

⑧ 庐：这里作动词。其居：指佛寺、道观。言寺观皆改作民屋。

⑨ 道：同"导"。

⑩ 鳏（guān）寡孤独：老而无妻曰"鳏"，老而无夫曰"寡"，幼而无父曰"孤"，老而无子曰"独"。废疾：指体有残疾。

⑪ 庶乎：差不多、大概。

【译文】

我所谓先王的政教，是什么呢？就是博爱即称之为仁，合乎仁的行为即称为义。从仁义再向前进就是道。自身具有而不依赖外界的叫作德。讲仁义道德的书有《诗经》《尚书》《易经》和《春秋》。体现仁义道德的法式就是：礼仪、音乐、刑法、政令。它们教育的人民：是士、农、工、商，它们的伦理次序是：君臣、父子、师友、宾主、兄弟、夫妇，它们的衣服是：麻布丝绸，它们的居处是：房屋，它们的食物是：粮食、瓜果、蔬菜、鱼肉。它们作为理论是很容易明白的，它们作为教育是很容易推行的。所以，用它们来教育自己，就能和顺吉祥；用它们来对待别人，就能做到博爱公正；用它们来修养内心，就能平和而宁静；用它们来治理天下国家，就没有不适当的地方。因此，人活着就能感受到人与人之间的情谊，死了就是结束了自然的常态。祭天则天神降临，祭祖则祖先的灵魂来享用。有人问："你这个道，是什么道呀？"我回答说：这是我所说的道，不是刚才所说的道家和佛家的道。这个道是从尧传给舜，舜传给禹，禹传给汤，汤传给文王、武王、周公，文王、武王、周公传给孔子，孔子传给孟轲，孟轲死后，没有继承的人。只有荀卿和扬雄，从中选取过一些但选得不精，论述过一些但并不全面。从周公以上，继承的都是在上做君王的，所以儒道能够实行；从周公以下，继承的都是在下做臣子的，所以他们的学说能够流传。那么，怎么办才能使儒道获得实行呢？我以为：不堵塞佛老之道，儒道就不得流传。不禁止佛老之道，儒道就不能推行。必须把和尚、道士还俗为民，烧掉佛经道书，把佛寺、道观变成平民的住宅。发扬先王之道作为治理天下的标准，使鳏寡孤独及残疾人得到照料。这样做大约也就可以了。

一句话阅读

辞之所以能鼓天下者，乃道之文也。

——（南朝·梁）刘勰

进学解（节选）

韩 愈

推荐者

王心竹

哲学博士，中国政法大学人文学院哲学系教授，中国哲学专业硕士生导师，兼任中国人民大学孔子研究院研究员。参与多项省部级项目的研究。主要研究方向为中国古代哲学、宋明理学。主要学术成果有专著《理学与佛学》《宋代经学哲学研究——理学体贴卷》（合著），发表论文数十篇。

推荐缘由

本文假托老师就学业德行方面对学生进行训诫，学生质疑，老师进而答疑，故名曰："进学解"。全文辞采精当，音节铿锵，骈散结合，疏密有致，生动地刻画了作者为儒家思想之传扬、儒家道统之维护而精思力竭的形象，并表达了期待社会公正，能学以致用的美好愿望。当然，细读全文，在平心静气的教诲中，可见作者沉郁不平之气。

经典原文

先生曰："吁，子来前！夫大木为宋①，细木为桷，欂栌、侏儒，椳、闑、扂、楔②，各得其宜，施以成室者，匠氏之工也。玉札、丹砂、赤箭、青芝、牛溲、马勃③，败鼓之皮，俱收并蓄，待用无遗者，医师之良也。登明选公④，杂进巧拙，纡余为妍⑤，卓荦⑥为杰，校⑦短量长，惟器是适者，宰相之方也。昔者孟轲好辩⑧，孔道以明⑨，辙环天下，卒老于行⑩。荀卿⑪守正，大论是弘⑫，逃谗于楚，废死兰陵。是二儒者，吐辞为经，举足为法，绝类离伦⑬，优入圣域，其遇于世何如也？今先生学虽勤而不繇⑭其统，言虽多而不要其中，文虽奇而不济于用，行虽修而不显于众。犹且月费俸钱，岁靡廪粟；子不知耕，妇不知织；乘马从徒，安坐而食。踽常途之促促⑮，窥陈编⑯以盗窃。然而圣主不加诛，宰臣不见斥，兹非其幸欤？动而得谤，名亦随之。投闲置散，乃分之宜。若夫商财贿之有亡⑰，计班资之崇庳⑱，忘己量之所称，指前人⑲之瑕疵，是所谓诘匠氏之不以杙为楹⑳，而訾医师以昌阳㉑引年，欲进其豨苓㉒也。"

【注释】

①宋（máng）：房屋的大梁。

②桷（jué）：屋椽。欂栌（bó lú）：斗栱，柱顶上承托栋梁的方木。侏（zhū）儒：梁上短柱。椳（wēi）：门枢臼。闑（niè）：门中央所竖的短木，在两扇门相交处。扂（diàn）：门闩之类。楔（xiè）：门两旁长木柱。

③玉札：地榆。丹砂：朱砂。赤箭：天麻。青芝：龙芝。以上四种都是名贵药材。牛溲：牛尿，一说为车前草。马勃：马屁菌。

④登明选公：进用贤明的人，选拔正直无私的人。

⑤纡（yū）余：委婉从容的样子。妍：美。

⑥卓荦（luò）：突出，超群出众。

⑦校（jiào）：比较。

⑧孟轲好辩：《孟子·滕文公下》载：孟子有好辩的名声，他说："予岂好辩哉！予不得已也。"意思说：自己因为捍卫圣道，不得不展开辩论。

⑨孔道以明：孔子之道得以阐明。

⑩卒老于行：最后在奔走中老去。

⑪荀卿：即荀况，战国后期儒家大师。曾在齐国做祭酒，被人谗毁，逃到楚国。楚国春申君任他做兰陵（今山东枣庄）令。春申君死后，他也被废，死在兰陵，著有《荀子》。

⑫大论是弘：写出了著名的《天论》《正论》《礼论》《乐论》，弘扬了儒家的理论。

⑬离、绝：都是超越的意思。伦、类：都是"类"的意思，指一般人。

⑭繇：通"由"。

⑮踵（zhǒng）：脚后跟，这里是跟随的意思。促促：拘谨局促的样子。一说当作"役役"，指劳苦。

⑯陈编：古旧的书籍。

⑰财贿：财物，这里指俸禄。亡：通"无"。

⑱班资：等级、资格。庳（bēi）：通"卑"，低。

⑲前人：指职位在自己前列的人。

⑳杙（yì）：小木桩。楹（yíng）：柱子。

㉑訾（zǐ）：毁谤非议。昌阳：昌蒲。药材名，相传久服可以长寿。

㉒豨（xī）苓：又名猪苓，利尿药。

【译文】

国子先生说："唉，你到前面来！要知道那些大的木材做屋梁，小的木材做瓦椽，做斗栱，短椽的，做门臼、门橛、门闩、门柱，都量材使用，各适其宜而建成房屋，这是工匠的技巧啊。贵重的地榆、朱砂，天麻、龙芝，车前草、马屁菌，坏鼓的皮，全都收集，储藏齐备，等到需用的时候就没有遗缺的，这是医师的高明之处啊。提拔人才，公正贤明，选用人才，态度公正。灵巧的人和朴质的人都得引进，有的人谦和而成为美好，有的人豪放而成为杰出，比较各人的短处，衡量各人长处，按照他们的才能品格分配适当的职务，这是宰相的方法啊！从前孟轲爱好辩论，孔子之道得以阐明，他游历的车迹遍布天下，最后在奔走中老去。荀况恪守正道，发扬光大宏伟的理论，因为逃避谗言到了楚国，最终丢官而死在兰陵。这两位大儒，说出话来成为经典，一举一动成为法则，远远超越常人，优异到进入圣人的境界，可是他们在世上的遭遇是怎样呢？现在你们的先生学习虽然勤劳却不能顺于道统，言论虽然不少却不切合要旨，文章虽然写得出奇却无益于实用，行为虽然有修养却并没有突出于一般人的表现，尚且每月浪费国家的俸钱，每年消耗仓库里的粮食；儿子不懂得耕地，妻子不懂得织布；出门乘着车马，后面跟着仆人，安安稳稳地坐着吃饭。局局促促地按常规行事，眼光狭窄地在旧书里盗窃陈言，东抄西袭。然而圣明的君主不加处罚，也没有被宰相大臣所斥逐，岂不是幸运吗？有所举动就遭到毁谤，名誉也跟着受到影响。被放置在闲散的位置上，实在是恰如其分的。至于度量财物的有无，计较品级的高低，忘记了自己有多大才能、多少分量和什么相称，指摘官长上司的缺点，这就等于责问工匠为什么不用小木桩做柱子，批评医师用菖蒲延年益寿，却想推荐用他的猪苓啊！"

一句话阅读

业精于勤，荒于嬉；行成于思，毁于随。

——（唐）韩愈

送李愿归盘谷序

韩愈

推荐者

王心竹

推荐缘由

　　本文是韩愈写给朋友李愿的赠序。全文借李愿之口，表达了他对污浊现世的否定，以及力图挣脱世俗利禄羁绊，归隐泉林的愿望，从而也与《进学解》等文中积极进取以图改变现世的韩愈形成鲜明的对比。

　　文章将散体与歌赋韵文完美地结合在一起，骈体工整雅致，散体气韵幽长，长短结合，错落有致。苏轼谓："唐无文章，惟韩退之《送李愿归盘谷序》而已。"信斯言也。

经典原文

太行之阳①有盘谷。盘谷之间，泉甘而土肥，草木丛茂，居民鲜少。或曰："谓其环两山之间，故曰'盘'。"或曰："是谷也，宅幽而势阻②，隐者之所盘旋③。"友人李愿居之。

愿之言曰："人之称大丈夫者，我知之矣：利泽施于人，名声昭于时，坐于庙朝，进退④百官，而佐天子出令；其在外，则树旗旄，罗弓矢，武夫前呵⑤，从者塞途，供给之人，各执其物，夹道而疾驰。喜有赏，怒有刑。才畯⑥满前，道古今而誉盛德，入耳而不烦⑦。曲眉丰颊，清声而便体⑧，秀外而惠中⑨，飘轻裾，翳⑩长袖，粉白黛绿⑪者，列屋而闲居，妒宠而负恃，争妍而取怜。大丈夫之遇知于天子、用力于当世者之所为也。吾非恶此而逃之，是有命焉，不可幸而致⑫也。

"穷居而野处，升高而望远，坐茂树以终日，濯清泉以自洁。采于山，美可茹⑬；钓于水，鲜可食。起居无时，惟适之安。与其有誉于前，孰若无毁于其后；与其有乐于身，孰若无忧于其心。车服不维，刀锯不加，理乱不知，黜陟不闻⑭。大丈夫不遇于时者之所为也，我则行之。

"伺候于公卿之门，奔走于形势⑮之途，足将进而趑趄⑯，口将言而嗫嚅⑰，处污秽而不羞，触刑辟⑱而诛戮，徼幸于万一，老死而后止者，其于为人，贤不肖何如也？"

昌黎韩愈闻其言而壮之，与之酒而为之歌曰："盘之中，维子之宫；盘之土，可以稼；盘之泉，可濯可沿；盘之阻，谁争子所？窈而深，廓其有容；缭而曲，如往而复。嗟盘之乐兮，乐且无央⑲：虎豹远迹兮，蛟龙遁藏；鬼神守护兮，呵禁不祥。饮且食兮寿而康，无不足兮奚所望！膏⑳吾车兮秣吾马，从子于盘兮，终吾生以徜徉！"

【注释】

①太行之阳：太行山南面。指今河南济源市一带地方。

②宅幽而势阻：位置偏僻而地势险要。宅，位置。势，地势。

③盘旋：盘桓，留止不去。

④进退：这里表示使动意义，使……进退，即任免的意思。

⑤旄旄（máo）：旗帜。旄，旗杆上用旄牛尾装饰的旗帜，是将帅出行的标志。此处指官员出行的标志。罗弓矢：罗列弓箭，这是表示威仪。武夫前呵：武士呼喝开道。

⑥才畯：才能出众的人。畯，同"俊"。

⑦入耳而不烦：形容爱听阿谀奉承的话。

⑧便（pián）体：轻盈的体态。

⑨惠中：聪慧的资质。惠，同"慧"。

⑩翳（yì）：遮蔽，掩映。

⑪粉白黛绿：用来形容女子装扮得娇艳妩媚，面容白皙，眉毛美丽。黛，古代女子画眉用的青黑色的颜料。

⑫幸而致：侥幸得到。幸，侥幸。致，取得、得到。

⑬茹：吃。

⑭车服不维：没有官职的束缚。维，束缚、约束。刀锯不加：刑罚不施于身。刀锯，这里泛指刑具。加，施加。理乱：指国家的安宁与动乱。理，即治，唐人避高宗李治讳，用"理"代"治"字。黜陟（chù zhì）：官员的升降。黜，降职。陟，升职。

⑮形势：权势。

⑯趑趄（zī jū）：想往前走又不敢走的样子。

⑰嗫嚅（niè rú）：吞吞吐吐，欲言又止的样子。

⑱刑辟（bì）：刑法，法律。

⑲无央：无尽。央，尽、完。

⑳膏（gào）：油脂，这里用作动词，指用油润滑。

【译文】

太行山南边有个山谷叫盘谷。盘谷这个地方，泉水甘甜，土地肥沃，草木繁茂，居民很少。有人说："因为盘谷盘绕在两山之间，所以名叫'盘'。"也有人说："这个山谷位置幽僻而地势险阻，是隐者所流连的地方。"我的朋友李愿住在这里。

李愿说："人被称为大丈夫的情况，我知道了。那就是要施利益恩泽于人，让自己的名望声誉昭著于世。在朝廷上，他任免百官，辅佐天子发布政令；在朝廷外，树起旗帜，陈设弓箭，卫兵在前喝道，侍从塞满道路，仆役们拿着他所需物品，夹道奔驰。他高兴起来就随意赏赐，发起怒来就任意处罚。才能出众的人聚集在他的跟前，说古道今赞誉他的大德，他听入耳中而不厌烦。他的姬妾长着弯曲的眉毛，丰满的面颊，声音清脆甜美。体态轻盈姣好，外貌秀丽，内心聪慧，飘着轻盈的衣襟，长长的衣袖遮掩面容，脸涂着白粉，眉毛画成青绿色，住在一排排房间里悠闲无事，妒忌别人得宠而以自己的容貌自负，处处和别人比美，争取怜爱。以上是受到皇帝的赏识重用，掌握了当世权力的大丈夫的所作所为。我不是讨厌这些而逃避，这是命运决定的，不能侥幸得到。

"另一种情况是：居住在穷荒山野的地方，可以登高望远，可以整日坐在繁茂的树下，可以用清泉洗涤以自我洁净。从山上采来的水果，甜美可食；从水中钓来的鱼虾，鲜嫩可口。作息没有定时，只求安定舒适。与其当面受到称赞，哪里比得上背后不受毁谤；与其身体得到享乐，哪里比得上心中没有忧虑。不受官职的约束，刑罚落不到身上。既不了解国家的治和乱，也不打听官吏的升降。这就是不被时代赏识的大丈夫的所作所为，我就去做这样的事。

"还有一种人，他在达官显贵的门下侍候，在通往权势的路上奔走，想抬脚走路又不敢走，想开口说话又不敢说，处于污浊卑下的地位而不觉得羞耻，触犯了刑法就要被诛杀，希望有获得成功的万分之一的机会，直到老死而后罢休。这样的人在为人方面是好还是不好呢？"

昌黎韩愈听了李愿的话，认为他讲得有气魄，与他斟上酒，并为他作了一首歌，歌词说："盘谷之中，是您的府宫。盘谷的土，可以种禾黍。盘谷的泉，可以洗涤，可以溯沿。盘谷险阻，谁会争您的住所？盘谷曲折幽深，空阔广大可以容身；盘谷环绕弯曲，往前走却回到了原处。盘谷快乐啊，快乐无央；虎豹远离啊，蛟龙躲藏；鬼神守护啊，禁绝不祥。有吃有喝啊，长寿安康；没有不满足的事啊，还有什么奢望？给我的车轴加油啊，用饲料喂饱我的马，跟随您到盘谷去啊，终我一生要在那里自由自在地游逛。"

一句话阅读

随处山泉着草庐，底须松竹偃柴扉。

——（明）王阳明

送董邵南游河北序

韩　愈

推荐者

王心竹

推荐缘由

　　本文作者为唐宋八大家之一的韩愈，苏轼称赞他："文起八代之衰，道济天下之溺"，他所提倡的古文运动，其核心精神被宋代周敦颐总结为"文以载道"，不仅在中国古代文学史上，而且在中国古代哲学思想史上产生了深远的影响。本文作为韩愈的名篇之一，备受古往今来的文学评论家的推崇。

　　本文的题赠者董邵南因屡试不第，准备投靠河北的藩镇。作为藩镇割据反对者的韩愈既在这篇短文中表达了自己的主张，又深表对朋友怀才不遇的痛惜，还殷殷暗寓对朋友的提醒。全文以巧取胜，构思精巧，用语巧妙，其中意味如曲径而通幽微。刘大櫆即谓此文曰："深微屈曲，读之，觉高情远韵可望而不可及。"

经典原文

　　燕赵古称多慷慨悲歌之士①。董生②举进士，连不得志于有司③，怀抱利器④，郁郁适兹土⑤。吾知其必有合⑥也。董生勉乎哉！

　　夫以子之不遇时，苟慕义强仁⑦者，皆爱惜焉；矧⑧燕赵之士，出乎其性⑨者哉！然吾尝闻：风俗与化移易⑩。吾恶⑪知其今不异于古所云邪？聊以吾子之行卜之也⑫。董生勉乎哉！

　　吾因子有所感矣！为我吊望诸君⑬之墓，而观于其市，复有昔时屠狗者⑭乎？为我谢⑮曰："明天子在上，可以出而仕矣！"

【注释】

　　①燕赵：战国时，燕国位于今河北北部、辽宁西部一带；赵国位于今山西北部、河北西部一带。慷慨悲歌：慷慨，感叹。慷慨悲歌，用悲壮的歌声抒发内心悲愤，多指有抱负而不得施展。

　　②董生：指董邵南，因屡考进士未中，拟去河北托身藩镇幕府。

　　③有司：古代设官分职，各有专司，故称。这里指主持进士考试的礼部官。

　　④利器：锐利的武器，这里比喻杰出的才能。

　　⑤郁郁适兹土：忧郁地到这个地方去。适，到……去。兹，这。兹土，指燕赵之地，当时受地方割据势力统治，不受朝廷节制。

　　⑥合：遇合。

　　⑦慕义强（qiǎng）仁：仰慕正义、力行仁道。强，勉力。

　　⑧矧（shěn）：况且。

　　⑨出乎其性：（仰慕正义）来自他们的本性。

　　⑩风俗与化移易：风俗随着教化而改变。与，跟随。化，教化。易，改变。

　　⑪恶（wū）：怎么。

　　⑫聊：姑且。以：凭借。卜：猜测、判断。

　　⑬望诸君：即乐毅，战国时燕国名将，辅佐燕昭王击破齐国，成就霸业，后被诬陷，离燕归赵，赵封之于观津（山东莘县观城镇），谥号"望诸君"。

⑭屠狗者：据《史记·刺客列传》记载，高渐离曾以屠狗为业。其友荆轲刺秦王未遂而被杀，高渐离替他报仇，也未遂而死。这里泛指隐于市廛暂不得志的侠义之士。

⑮谢：告诉。

【译文】

燕赵一带自古就称说多有慷慨重义、悲壮高歌的豪杰之士。董生参加进士考试，接连几次未被主考官录取而不得志，怀抱着杰出的才能，心情忧郁地想去燕赵地区谋职。我料知他此去一定会有所遇合。董生努力吧！

像你这样不走运，即使一般仰慕正义、力行仁道的人都会同情爱惜你的，更何况燕赵一带豪杰之士的仰慕仁义是出自他们的本性呢！然而我曾听说风俗是随着教化而改变的，我怎么能知道那里的风气与古时说的有什么不同呢？姑且凭借你这次的前往测定一下吧。董生努力吧！

我因为你的这次前往而产生一些感想。请替我凭吊一下望诸君的墓，并且到那里的集市上去看看，还有像过去的屠狗者一类的埋没在草野的志士吗？替我告诉他们说："有圣明的天子在上面当政，可以出来做官了！"

一句话阅读

不以物喜，不以己悲。

——（北宋）范仲淹

养竹记（节选）

白居易

推荐者

祝安顺

推荐缘由

《诗经》美君子，乃因"瞻彼淇澳，绿竹猗猗"而兴；《世说》载名士，则有"何可一日无此君"之行；大文豪苏轼也曾说："宁可食无肉，不可居无竹。"人之爱竹也若是，何哉？曰：盖以竹似贤也。竹似贤之说可得闻欤？白乐天《养竹记》言之详矣，君其读之。

经典原文

竹似贤，何哉？竹本固①，固以树德；君子见其本，则思善建②不拔者。竹性直，直以立身；君子见其性，则思中立不倚③者。竹心空，空以体道；君子见其心，则思应用虚受④者。竹节贞⑤，贞以立志；君子见其节，则思砥砺名行⑥，夷险一致者。夫如是，故君子人多树之，为庭实⑦焉。

贞元十九年春，居易以拔萃⑧选及第，授校书郎⑨，始于长安求假居处，得常乐里故关相国⑩私第之东亭而处之。明日，履及于亭之东南隅，见丛竹于斯，枝叶殄瘁⑪，无声无色。询于关氏之老⑫，则曰：此相国之手植者。自相国捐馆，他人假居，由是筐篚⑬者斩焉，篓箐⑭者刈焉，刑余之材，长无寻⑮焉，数无百焉。又有凡草木杂生其中，菶茸荟郁⑯，有无竹之心焉。居易惜其尝经长者之手，而见贱俗人之目，剪弃若是，本性犹存。乃芟蘙荟⑰，除粪壤，疏其间，封其下，不终日而毕。于是日出有清阴，风来有清声。依依然，欣欣然，若有情于感遇也。

嗟乎！竹，植物也，于人何有哉？以其有似于贤而人爱惜之，封⑱植之，况其真贤者乎？然则竹之于草木，犹贤之于众庶。呜呼！竹不能自异，唯人异之。贤不能自异，唯用贤者异之。故作《养竹记》，书于亭之壁，以贻其后之居斯⑲者，亦欲以闻于今之用贤者云。

【注释】

①本：根。固：稳固。

②建：树立。

③倚：偏颇。

④虚受：虚心接受。

⑤贞：坚定。

⑥砥砺：磨炼，锻炼。名行：名节操行。

⑦庭实：原指将贡品或礼物陈列于庭，让人观赏。这里是指将竹子种植在庭院中，随时观赏。

⑧拔萃：唐代考中进士，还要经过吏部考试，才能授官。白居易三十二岁这年，以"拔萃"登科。

⑨校书郎：秘书省属官，管理校勘和整理国家图书典籍。

⑩常乐里：长安的里名。关相国：疑为德宗时的宰相关播。

⑪殄（tiǎn）：灭绝，此指摧残。瘁：劳伤，此指毁坏。殄瘁，枯萎凋谢的样子。

⑫关氏之老：关家旧人，如老仆、管家之类。

⑬筐篚（fěi）：竹器，方形的叫筐，圆形的叫篚。

⑭篲帚（huì zhǒu）：都是扫帚。篲，通"彗"，扫帚。这里作动词用。

⑮寻：古时八尺为一寻。

⑯菶（běng）茸荟郁：形容草木繁盛茂密。

⑰芟（shān）蘙（yì）荟：剪除茂盛的杂草。

⑱封：培土。

⑲斯：指这所房子。

【译文】

竹子像贤人，这是为什么呢？竹子的根稳固，稳固是为了确立竹子的本性，君子看见它的根，就想到要培植好坚定不移的品格（想到意志坚定不移的人）。竹子的秉性直，直是为了站住身体，君子看见它这种秉性，就想到要正直无私，不趋炎附势（想到正直、不偏不倚的人）。竹子的心空，空是为了虚心接受道，君子看见它的心，就想到要虚心接受一切有用的东西（想到虚心求道者）。竹子的节坚定，坚定是为了立志，君子看见它的节，就想到要磨炼自己的品行，不管一帆风顺还是遇到危险时，都始终如一（想到砥砺名节、无论穷通祸福，都始终如一的人）。正因为如此，君子都喜欢种竹来充实庭院。

贞元十九年的春天，我在吏部以拔萃及第，被任命为校书郎。最初在长安求借住处，得到常乐里已故关相国私宅的东亭，在那里住了下来。第二天，散步走到亭子的东南角，见这里长着几丛竹子，枝叶凋敝，毫无生气。向关家的旧人询问是什么缘故，对方答道："这些竹子是关相国亲手栽种的。自从相国死后，别人借住在这里，从那时起，做筐篚的人来砍，做扫帚的人也来砍，砍伐剩下的竹子，长的已不到八尺，数量也不到百竿了。还有平常的草木混杂生在竹丛中，长得繁盛茂密，简直都没有竹子的苗了。"我感到很惋惜，这些竹子，是由年迈德崇的关相国亲手种植，现在竟被庸俗之人看得如此卑贱。但即使被砍削、废弃到这种程度，其秉性却仍然不变。于是我把那些繁盛茂密的草木铲掉，给竹子施加肥料，又在下面疏通、培修土层，没用一天就干完了。从此以后，这些竹子日出有清荫，风来有清声，随风依依，生机益然，好像在感激着我的知遇之情。

可叹啊！竹子，不过是一种植物，与人有什么关系呢？就由于它与贤人相似，人们就爱惜它，培植它，何况对于真正的贤人呢？然而，竹子与其他草木的关系，也就像贤人与一般人的关系一样。唉！竹子本身并不能把自己与其他草木区别开来，要靠人来加以区别，贤人本身并不能把自己与一般人区别开来，要靠使用贤人的人来加以区别。因此，写了这篇《养竹记》，书写在东亭的壁上，是为了留给以后居住这所房子的人，也是为了使现在使用贤人的人知晓罢了。

一句话阅读

> 谷口春残黄鸟稀，辛夷花尽杏花飞。
> 始怜幽竹山窗下，不改清阴待我归。
>
> ——（唐）钱起

小石城山记

柳宗元

推荐者

赵敏俐

文学博士，首都师范大学资深教授、博士生导师，教育部人文社会科学重点研究基地中国诗歌研究中心主任，中国诗经学会副会长，中国屈原学会副会长，日本广岛大学讲座教授。主要研究方向为先秦两汉文学与文化、中国古代诗歌、中国现代学术史。主要学术著作有《两汉诗歌研究》《周汉诗歌综论》《汉代乐府制度与歌诗研究》等。先后获得教育部人文社会科学优秀成果一等奖、北京市哲学社会科学优秀成果特等奖、首届全球华人国学大典优秀成果奖，以及国家级教学成果二等奖、北京市优秀教学成果一等奖等多项奖励。

推荐缘由

柳宗元贬谪永州期间，曾写过八篇著名的游记，此为其中最后一篇。文章先记小石城山之奇特，宛如天然之石城，寥寥数笔，形态毕现。继而借景议论，抒写抱负。文章虽短，但描摹生动，文笔曲折，寓意深长。高超的写作技巧与深刻的寄寓之怀融为一体，反复涵咏，韵味无穷。

经典原文

自西山道口径①北，逾黄茅岭而下，有二道：其一西出，寻之无所得；其一少②北而东，不过四十丈，土断而川分，有积石横当其垠③。其上，为睥睨梁㰚④之形；其旁出堡坞⑤，有若门焉，窥之正黑，投以小石，洞然⑥有水声，其响之激越⑦，良久乃已。环之可上，望甚远。无土壤而生嘉树美箭⑧，益奇而坚。其疏数偃仰⑨，类⑩智者所施设也。

噫！吾疑造物者之有无久矣，及是，愈以为诚有。又怪其不为之中州，而列是夷狄，更千百年不得一售其伎⑪，是固⑫劳而无用，神者倘不宜如是，则其果无乎？或曰："以慰夫贤而辱于此者。"或曰："其气之灵，不为伟人，而独为是物，故楚之南少人而多石。"是二者，余未信之。

【注释】

①径：直往。

②少（shāo）：通"稍"，稍、略。

③当：通"挡"，阻挡。垠：边际、界限。

④睥睨：（pì nì）：通"埤堄"，城上如齿状的矮墙。梁㰚：栋梁。

⑤堡坞：像小城堡的石头。

⑥洞然：石子击水声。

⑦激越：声音高亢激昂。

⑧箭：小竹子。

⑨疏数（cù）偃仰：疏密起伏。数，密。偃，俯。

⑩类：好像。

---

⑪更：经过。售：施展。伎：通"技"，这里指美景。

⑫固：的确，确实。

【译文】

从西山路口一直向北走，越过黄茅岭往下走，有两条路：一条向西走，沿着它走过去什么也没有；另一条稍微偏北又折向东去，只走了四十丈，路就被一条河流截断了，有积石横挡在这条路的尽头。石山顶部天然生成矮墙和栋梁的形状，旁边又凸出一块好像堡垒，有一个像门的洞。从洞往里探望一片漆黑，丢一块小石子进去，咚地一下有水响声，那声音很洪亮，好久才消失。石山可以盘绕着登到山顶，站在上面望得很远。山上没有泥土却长着很好的树木和竹子，而且更显得形状奇特质地坚硬。竹木分布疏密有致、高低参差，好像是有智慧的人特意布置的。

唉！我怀疑造物者的有无已很久了，到了这儿更以为造物者确实是有的。但又奇怪他不把这小石城山安放到（人烟阜盛）的中原地区去，却把它摆在这（荒僻遥远）的蛮夷之地，即使经过千百年也没有一次可以显示自己奇异景色的机会，这简直是白耗力气而毫无用处，神灵的造物者似乎不会这样做的。那么造物者果真没有的吧？有人说："造物者之所以这样安排是用这佳胜景色来安慰那些被贬逐在此地的贤人的。"也有人说："这地方山川钟灵之气不孕育伟人，而唯独凝聚成这奇山胜景，所以楚地的南部少出人才而多产奇峰怪石。"这两种说法，我都不信。

一句话阅读

可堪孤馆闭春寒，杜鹃声里斜阳暮。

——（北宋）秦观

祭石曼卿文
欧阳修

推荐者

邹方程

推荐缘由

　　《祭石曼卿文》是欧阳修悼念诗友石曼卿的一篇祭文。祭文的正文借用诗歌"一咏三叹"的抒情手法，三呼"呜呼曼卿"，感情三转：一呼歌颂石曼卿身死而名垂，同于圣贤；二呼先承上文赞其"轩昂磊落"，表达希望身体不腐的美好愿望，而后用"奈何"一转，感叹坟地终将变成"旷野与荒城"，圣贤皆然，"奈何"之情溢于言表；三呼回归本题，表达对友人逝去的悲伤之情，就算是圣人之理也难以阻挡，收束全文。文章虽短，也无一字提及石曼卿的生平事迹，但情真意切，荡气回肠，结构巧妙，比况生动，文风沉郁，不落俗套，实为千古祭文之经典。

经典原文

　　维治平四年七月日[①]，具官[②]欧阳修，谨遣尚书都省令史李敭[③]，至于太清[④]，以清酌庶羞[⑤]之奠，致祭于亡友曼卿之墓下，而吊之以文。曰：

　　呜呼曼卿！生而为英，死而为灵[⑥]。其同乎万物生死，而复归于无物者，暂聚之形[⑦]；不与万物共尽，而卓然其不朽者，后世之名。此自古圣贤，莫不皆然，而著在简册[⑧]者，昭如日星。

　　呜呼曼卿！吾不见子久矣，犹能仿佛[⑨]子之平生。其轩昂磊落[⑩]，突兀峥嵘[⑪]而埋藏于地下者，意其不化为朽壤[⑫]，而为金玉之精[⑬]。不然，生长松之千尺，产灵芝而九茎[⑭]。奈何荒烟野蔓，荆棘纵横；风凄露下，走燐[⑮]飞萤！但见牧童樵叟[⑯]，歌吟而上下[⑰]，与夫惊禽骇兽，悲鸣踯躅而咿嘤[⑱]。今固如此，更千秋而万岁兮，安知其不穴藏狐貉与鼯鼪[⑲]？此自古圣贤亦皆然兮，独不见夫累累乎旷野与荒城！

　　呜呼曼卿！盛衰[⑳]之理，吾固知其如此，而感念畴昔[㉑]，悲凉凄怆，不觉临风而陨涕[㉒]者，有愧乎太上之忘情[㉓]。尚飨[㉔]！

【注释】

　　①维治平四年七月日：即北宋治平四年（1067）七月某日。维，发语词。

　　②具官：唐宋以来，官吏在奏疏、函牍及其他应酬文字中，常把应写明的官职爵位，写作具官，表示谦敬。欧阳修写作此文时官衔是观文殿学士、刑部尚书、知亳州军州事。

　　③尚书都省：即尚书省，管理全国行政的官署。令史：管理文书工作的官。李敭（yáng）：其人不详。

　　④太清：地名，在今河南商丘东南，是石曼卿葬地。

　　⑤清酌（zhuó）庶羞：清酌，祭奠时所用之酒。庶，各种。羞，通"馐"，食品，这指祭品。

　　⑥生而为英，死而为灵：活着的时候是人世间的英杰，死之后化为神灵。英，

英雄、英杰。灵，神灵。

⑦暂聚之形：指肉体生命。

⑧简册：指史籍。

⑨仿佛：依稀想见。

⑩轩昂磊落：形容石曼卿的不凡气度和高尚人格。

⑪突兀峥嵘（zhēng róng）：高迈挺拔，比喻石曼卿的特出才具。

⑫朽壤：腐朽的土壤。

⑬精：精华。

⑭产灵芝而九茎：灵芝，一种菌类药用植物，古人认为是仙草，九茎一聚者更被当作珍贵祥瑞之物。

⑮燐：即磷，一种非金属元素。动物尸体腐烂后产生的磷化氢，在空气中自动燃烧，并发出蓝色火焰，夜间常见于坟间及荒野。俗称之为鬼火。

⑯牧童樵叟：放牧和砍柴之人。

⑰上下：来回走动。

⑱悲鸣踯躅（zhí zhú）而咿嘤（yī yīng）：这里指野兽来回徘徊，禽鸟悲鸣惊叫。

⑲狐貉（hú mò）与鼯鼪（wú shēng）：狐貉，兽名，形似狐狸。鼯，鼠的一种，亦称飞鼠。鼪，黄鼠狼。

⑳盛衰：此指生死。

㉑畴昔：往昔，从前。

㉒陨涕：落泪。

㉓有愧乎太上之忘情：意思是说自己不能像圣人那样忘情。太上，最高，也指圣人。忘情，超脱了人世一切情感。《世说新语·伤逝》："圣人忘情，最下不及情，情之所钟，正在我辈。"

㉔尚飨（xiǎng）：祭文套语，表示希望死者鬼神来享用祭品之意。尚，这里是希望的意思。

【译文】

在英宗治平四年七月某日，观文殿学士欧阳修差遣尚书都省令史李敭到太清之下，以清酒和各种美味的菜肴作奠仪，致祭于亡友石曼卿的墓前，并作一篇文章吊祭，说：

唉！曼卿，在世时是英雄，死后成为神灵。同万物一道生死，最后又回归到无物的地方，是他暂时相聚的形体；不与万物一道灭亡，卓越挺立，永垂不朽，是他给后世留下的英名。从古至今，圣贤都是这样，留著于史册，像日月星辰一样明亮。

唉！曼卿，我没有看见你已经很久了，但还能依稀记得你生前的容貌。你气宇轩昂，襟怀坦白，光明磊落，高大英俊，虽然埋藏在地下，想来不会腐朽化为泥土，而会变成金玉的精华。如果不是这样，此地为什么生长着高达千尺的松树，出产有九根茎的灵芝草。无奈荒烟野草，藤蔓缠绕，荆棘纵横；风雨凄凉，霜露下降；磷火飘动，飞萤明灭；只见牧童与老樵夫唱着山歌，上上下下；惊恐的飞禽与害怕的野兽，前后徘徊，发出悲切的鸣叫呼声。今天已经是这样，再过了千秋万岁，怎知道不是穴洞里面，深藏着狐狸貉子、鼯鼠和黄鼠狼？而自古以来，圣贤都是这样，难道看不到累累相连的旷野和荒城吗！

唉！曼卿，生死的道理，我本来就知道是这样的，而想起从前的情景，悲凉伤感，不觉得要临风而流泪，但对"太上忘情"这句话，很有些惭愧。希望你来享用这祭品！

一句话阅读

人之相识，贵在相知，人之相知，贵在知心。

——（春秋）孟子

辨奸论

苏　洵

推荐者

任文利

哲学博士，北京青年政治学院东方道德研究所副研究员。著有《治道德历史之维——明代政治世界中的儒家》《心学的形上学问题探本》《国学举要·儒卷》（合著）和《至圣先师诞辰——聆金声玉振、慕万世师表》等。

推荐缘由

《辨奸论》，《古文观止》题作苏洵作，或以为邵伯温托名苏洵的伪作，文中所攻讦者或以为系王安石，然未可究竟也。该文除文法可取外，于品鉴人物而言，凡以"不近人情"的行为博取高名，捞取政治资本者，须引起人们的警惕，如文中所列竖刁、易牙、开方等人。君主社会如此，民主社会辨识人物亦如此。

《礼记·礼运》云："人情者，圣王之平田也。"圣人治理天下所凭借的礼乐仁义，皆本于人情，顺适于人情。岂有悖逆人情，而能治理天下国家者？使其人而行治理之权，必为祸患的根源。

经典原文

事有必至，理有固然。惟天下之静者，乃能见微而知著。月晕而风，础①润而雨，人人知之。人事之推移，理势之相因②，其疏阔③而难知，变化而不可测者，孰与天地阴阳之事。而贤者有不知，其故何也？好恶乱其中，而利害夺其外也。

昔者山巨源见王衍④曰："误天下苍生者，必此人也！"郭汾阳见卢杞⑤曰："此人得志，吾子孙无遗类矣！"自今而言之，其理固有可见者。以吾观之，王衍之为人，容貌言语，固有以欺世而盗名者。然不忮不求⑥，与物浮沉，使晋无惠帝⑦，仅得中主，虽衍百千，何从而乱天下乎？卢杞之奸，固足以败国；然而不学无文，容貌不足以动人，言语不足以眩⑧世，非德宗之鄙暗⑨，亦何从而用之？由是言之，二公之料二子，亦容⑩有未必然也。

今有人，口诵孔老之言，身履夷齐⑪之行，收召好名之士、不得志之人，相与造作言语，私立名字，以为颜渊孟轲复出；而阴贼险狠，与人异趣，是王衍卢杞合而为一人也，其祸岂可胜言哉！

夫面垢不忘洗，衣垢不忘浣，此人之至情也。今也不然，衣臣虏之衣，食犬彘之食，囚首丧面而谈书，此岂其情也哉？凡事之不近人情者，鲜不为大奸慝⑫，竖刁易牙开方是也。以盖世之名，而济其未形之患，虽有愿治之主，好贤之相，犹将举而用之，则其为天下患，必然而无疑者，非特二子之比也。

孙子曰："善用兵者，无赫赫之功。"使斯人而不用也，则吾言为过，而斯人有不遇之叹，孰知祸之至于此哉！不然，天下将被⑬其祸，而吾获知言之名⑭，悲夫！

【注释】

①础：房柱下面的基石。

②理势：情理和形势。相因：相互承袭。

③疏阔：广阔无边，渺茫不清。

④山巨源：山涛，字巨源，晋初人，任吏部尚书，为当时的"竹林七贤"之一。他喜好评论人物，对王衍的评价不高。王衍：字夷甫，晋初人，任尚书令、太尉。衍有盛才，常自比子贡。当时晋室诸王擅权，他周旋于诸王间，唯求自全之计，后死于战乱之中。

⑤郭汾阳：即郭子仪，唐代名将。因平定安史之乱，破吐蕃，以一身系国家安危者二十年，后封为汾阳郡王，世称郭汾阳。卢杞：字子良，唐德宗时任宰相，搜刮民财，排斥异己。杞相貌丑陋，好口辩。后被贬职死于外地。

⑥不忮（zhì）不求：忮，忌恨。求，贪求。

⑦惠帝：晋惠帝司马衷，晋开国君主司马炎之子，以痴呆闻名。他在位时不理朝政，其妻贾后专权，终导致"八王之乱"，晋室随之衰败。

⑧眩：迷惑，迷乱。

⑨德宗：唐代晚期的庸君，他削去郭子仪的兵权，重用卢杞，导致朝政紊乱。鄙暗：鄙陋昏昧。

⑩容：或许。

⑪夷齐：指伯夷、叔齐，商朝末年孤竹国国君之子。相传他们兄弟间互相推让，不肯继任君位，因此逃往周地。周武王伐纣后，他们又誓不食周粟、不踏周地，最后饿死在首阳山。

⑫慝（tè）：奸邪，邪恶。

⑬被：遭受。

⑭知言之名：能知人和预言的名声。

【译文】

事情有它必定要达到的地步，道理有它本该如此的规律。只有天下那些心境静穆的人，才能够从微小的迹象中预知日后显著的变化。月亮四周出现光环，预示天要刮风；柱石回潮湿润，表示天要下雨。这是人人都知道的。至于世间人事的变化，情理形势的因果关系，它抽象渺茫而难以理解，千变万化而不可预测，又怎能与天地阴阳的变化相比呢？而贤能的人也有不了解的，这是什么原因呢？就因为爱好和憎恶扰乱了他们的内心，而利害得失又影响着他们的行动啊。

从前山涛见到王衍，说："日后给天下百姓带来灾难的，一定是这个人！"汾阳王郭子仪见到卢杞，说："此人一旦得志，我的子孙就要被杀光了！"从今天来说，其中的道理固然可以预见一些。依我看来，王衍的为人，不论是容貌还是谈吐，固然有有利于欺世盗名的条件，然而他不妒忌、不贪污，追随大流。假如晋朝不是惠帝当政，只要有一个中等才能的君主，即使有成百上千个王衍，又怎么能扰乱天下呢？像卢杞那样的奸臣，固然足以使国家败亡，然而此人不学无术，容貌丑陋不足以吸引别人，言谈粗鄙不足以影响社会，如果不是唐德宗的鄙陋昏庸，又怎能受到重用呢？从这一点来说，山涛和郭子仪对王衍和卢杞的预料，或许还有不完全正确的地方。

现在有人嘴里吟诵着孔子和老子的道德言论，身体力行伯夷、叔齐的清高行为，收罗了一批追求名声的读书人和郁郁不得志的人，相互勾结制造舆论，私下里互相标榜，自以为是颜回、孟子再世，但实际上阴险凶狠，与一般的人志趣不同。这真是把王衍、卢杞集合于一身了，他酿成的灾祸难道能够说得完吗？

脸上脏了不忘洗脸，衣服脏了不忘洗衣，这是人之常情。现在却不是这样，他穿着罪犯的衣服，吃猪狗吃的粗粝食物，像囚犯一样头发蓬乱不梳，像居丧者一样面容肮脏而不洗，却大谈《诗》《书》等经典，这难道合乎情理吗？凡是做事不近人情的，很少有不是大奸大恶的，春秋时齐桓公宠信的竖刁自阉入宫、易牙杀子为羹、开方母死不归就是这种人。这个人借助遍于海内的名声，来促成还未形成的祸患，虽然有愿意治理好国家的皇帝和敬重贤才的宰相，还是会推举、任用这个人的。这样，他是天下的祸患就必定无疑了，而决非仅仅王衍、卢杞等人可比。

孙子说："善于用兵的人，没有显赫的功勋。"假如上面说的这个人没有被重用，那么我的话说错了，而这个人就会发出不遇明主的慨叹，谁又能够知道灾祸会达到这种地步呢？不然的话，天下将蒙受他的祸害，而我获得了善于知人富有远见的名声，那可就太可悲了！

一句话阅读

知人者智，自知者明。

——（春秋）老子

谏院题名记

司马光

推荐者

任文利

推荐缘由

《谏院题名记》，文字虽短，却微言大义。谏官者，言官之一也。台谏合流前，谏官专司监察君主。台谏合流后，则如言官职责所在，履行一切政治监察责任，文中所论"天下之政，四海之众，得失利病"是也。其要在于借助"公是非于天下"的言论，监察政事。题谏官之名于碑版，非为附庸风雅，一则让谏官明白自己系国家安危于一身，责任重大，二则也是为了更好地发挥对谏官的监督作用。

以上两点，是中国古代政治的精义所在。作者司马光时任同知谏院，以敢言无讳著称，发为此论，掷地有声，浩气长存。

经典原文

古者谏无官，自公卿大夫，至于工商，无不得谏者。汉兴以来，始置官。

夫以天下之政，四海之众，得失利病，萃于一官使言之，其为任亦重矣。居是官者，常志其大，舍其细；先其急，后其缓；专利国家而不为身谋。彼汲汲①于名者，犹汲汲于利也，其间相去②何远哉！

天禧③初，真宗诏置谏官六员，责④其职事。庆历⑤中，钱君始书其名于版⑥，光恐久而漫⑦灭。嘉祐⑧八年，刻于石。后之人将历⑨指其名而议之曰："某也忠，某也诈，某也直，某也曲⑩。"呜呼！可不惧哉！

【注释】

①汲汲：急切的样子。

②去：距离。

③天禧：宋真宗（赵恒）年号。

④责：监督。

⑤庆历：宋仁宗（赵祯）的第六个年号。

⑥版：古代书写用的木简。

⑦漫：模糊。

⑧嘉祐：宋仁宗（赵祯）最后一个年号。

⑨历：逐一，逐个地。

⑩曲：邪僻，不正派。

【译文】

在古代没有专门来规劝君王的官职，从官居高位的公卿大夫到市井百姓中从事手工业和商业的人，都可以规劝君王。汉朝兴盛时，才开始设置谏官。

将天下所有的政事，四海之内的百姓，国家社稷的得与失，优势和弊病，都交萃于谏官身上，让他正确地将一切说出来。他的责任相当重啊！当谏官的人，（应当）注意重要的方面，舍弃细微的地方；把情况紧急的事放在前面，把不要紧的事放在后面；只为国家做贡献而不计较个人的利益得失。汲汲于功名犹如汲汲追求实利，二者又有多少差距呢？

天禧初年，真宗下诏设立谏官六名，以监督皇帝的行为。庆历年间，钱君开始将谏官的名字书写在专门的木简上，我恐怕日子长了名字会磨灭掉。（于是）在嘉祐八年，将谏官的名字刻在石头上。后来的人将会逐个指着他们的姓名，议论他们说："某人忠诚，某人奸诈，某人正直，某人不正派。"哎，真是令人警戒啊！

一句话阅读

名实已明，而天下之理得矣。

——（北宋）王安石

西　铭

张　载

推荐者

彭永捷

推荐缘由

　　《西铭》原是北宋大儒张载所著《正蒙·乾称篇》中的一段话，后来张载将其写于横渠书院教室西面墙壁作为劝学格言，故称《西铭》。《西铭》发扬了儒家仁爱以及《周易》"三才"思想，将天地视作人与万物之父母，提出"民胞物与"的儒家"兼爱说"。张载之文，文简旨深，语中多有金句，每每为二程兄弟（程颢和程颐）所称道。虽然文中并无"理一分殊"提法，但二程兄弟读过《西铭》后，却认为"句句言理一分殊"，为以仁爱思想贯通整个儒学体系提供了路径。《西铭》是文学性、思想性俱佳的典范之作。

经典原文

乾称父，坤称母；予兹藐①焉，乃混然中处。故天地之塞，吾其体；天地之帅，吾其性。民，吾同胞；物，吾与也。

大君者，吾父母宗子②；其大臣，宗子之家相也。尊高年，所以长其长；慈孤弱，所以幼其幼；圣，其合德；贤，其秀也。凡天下疲癃③、残疾、惸独④、鳏寡，皆吾兄弟之颠连⑤而无告者也。

于时保之，子之翼也；乐且不忧，纯乎孝者也。违曰悖德，害仁曰贼，济恶者不才，其践形，惟肖者也。

知化则善述其事，穷神则善继其志。不愧屋漏⑥为无忝，存心养性为匪懈。恶旨酒，崇伯子之顾养⑦；育英才，颍封人之锡类⑧。不弛劳而厎豫⑨，舜其功也；无所逃而待烹，申生⑩其恭也。体其受而归全者，参乎！勇于从而顺令者，伯奇也。

富贵福泽⑪，将厚吾之生也；贫贱忧戚，庸玉汝于成也。存，吾顺事；没，吾宁也。

【注释】

①藐：古同"邈"，远。

②宗子：指大宗的嫡长子，又指族长和皇族子弟。

③疲癃（lóng）：指曲腰高背之疾，或指苦难或苦难之人。

④惸（qióng）独：孤苦伶仃的人。

⑤颠连：困顿不堪的人。

⑥不愧屋漏：原意是虽在宗庙里，但无愧畏之心。后比喻即使在暗中也不做坏事，不起坏念头。出自《诗经·大雅·抑》。

⑦顾养：谓孝顺赡养父母。

⑧锡类：语出《诗·大雅·既醉》："孝子不匮，永锡尔类。"

⑨厎（dǐ）豫：得以欢乐。《孟子·离娄上》："舜尽事亲之道，而瞽瞍厎豫。"

⑩申生：姬姓，名申生，晋献公与夫人齐姜所生之子，春秋时期晋国太子。

⑪富贵福泽：有精神之谓富，有道德之谓贵，有喜悦实现之谓福，有鸿儒滋润之谓泽，是谓富贵福泽。

【译文】

　　《易经》的乾卦，表示天道创造的奥秘，称作万物之父；坤卦表示万物生成的物质性原则与结构性原则，称作万物之母。我如此的渺小，却混有天地之道于一身，而处于天地之间。这样看来，充塞于天地之间的，就是我的形色之体；而引领统率天地万物以成其变化的，就是我的天然本性。人民百姓是我同胞的兄弟姊妹，而万物皆与我为同类。

　　天子是我乾坤父母的嫡长子；而大臣则是嫡长子的管家。尊敬年高者，乃是为了礼敬同胞中年长的人，慈爱孤苦弱小者，乃是为了保育同胞中的幼弱之属。所谓的圣人，是指同胞中与天地之德相合的人；而贤人则是其中优异秀出之辈。天底下无论是衰老龙钟还是有残疾的人、孤苦无依之人或鳏夫寡妇，都是我困苦而无处诉说的兄弟。

　　及时地保育他们，是子女对乾坤父母应有的协助。如此地乐于保育而不为己忧，是对乾坤父母最纯粹的孝顺。若是违背了乾坤父母这样的意旨，就叫作"悖德"，如此伤害仁德就叫作"贼"。助长凶恶的人是乾坤父母不成材之子，而那些能够将天性表现于形色之身的人就是肖似乾坤父母的孝子。

　　能知晓造物者善化万物的功业，才算是善于记述乾坤父母的事迹；能彻底地洞透造化不可知、不可测之奥秘，才算是善于继承乾坤父母的志愿。即便在屋漏隐僻独处之处也能对得起天地神明、无愧无怍，才算无辱于乾坤父母；时时存仁心、养天性，才算是事天奉天无所懈怠。崇伯之子大禹，是通过厌恶美酒，来照顾赡养乾坤父母的；颍谷守疆界的颍考叔，是经由点化英才、培育英才，而将恩德施与其同类。不松懈、继续努力，以使父母达到欢悦，这便是舜对天地父母所贡献的功劳；顺从父命，不逃他处，以待烹戮，这是太子申生所以被谥为"恭"的缘故。临终时，将从父母那里得来的身体完整地归还给乾坤父母的是曾参；勇于听从以顺父命的是伯奇。

　　富贵福禄的恩泽，是乾坤父母所赐，用以丰厚我的生活；贫贱忧戚，是用来帮助你成就一番事业的。活着的时候，我顺从事理；死的时候，心安理得，我安宁而逝。

一句话阅读

　　涵养、致知、力行三者，便是以涵养为首，致知次之，力行又次之。

——（南宋）朱熹

雪堂记（节选）
苏　轼

推荐者

任　锋

晋地介休人，香港科技大学人文学部博士，现任中国人民大学政治学系副教授。研究方向为政治思想史、政治理论、儒家传统。已发表论文有《中国传统文化中的正义观》《天理、治体与国势：现代变迁中的儒家传统》《意识形态激情、中道伦理与儒家公民》等数十篇。

推荐缘由

因"乌台诗案"贬谪黄州的苏轼仕途失意，精神苦闷，但却促成了他文学创作的高峰。其中有我们熟悉的《念奴娇·赤壁怀古》《前赤壁赋》《后赤壁赋》，也有今天郑重推荐给读者朋友们的《雪堂记》。

本段节选是《雪堂记》中主客问答的关键环节，将全文关切的"入世—出世"主题推展到了辩证论难的精要阶段。以"藩外之游"切入，围绕何谓藩外之"藩"

进行了层层递进的否定式剖析：势利、名誉、阴阳、人道不足以为藩，拘于外在形式的言行身心也不足以为藩。换言之，主人赖以为藩外之游的雪堂，在客人看来，实则是不能释形凝神、超然物外的蒙蔽之见障。这一自反式问难显示了作者出世之思的超越性格，禅意道意盎然。

经典原文

苏子曰："予之于此，自以为藩外①久矣，子又将安之乎？"客曰："甚矣，子之难晓也。夫势利不足以为藩也，名誉不足以为藩也，阴阳不足以为藩也，人道不足以为藩也。所以藩予者，特智也尔。智存诸内，发而为言，而言有谓也，形而为行，则行有谓也。使子欲嘿不欲嘿，欲息不欲息，如醉者之恚言②，如狂者之妄行，虽掩其口执其臂，犹且喑呜踞蹙③之不已，则藩之于人，抑又固矣。人之为患以有身，身之为患以有心。是圃之构堂，将以佚子之身也？是堂之绘雪，将以佚子之心也？身待堂而安，则形固不能释。心以雪而警，则神固不能凝。子之知既焚而烬矣，烬又复然，则是堂之作也，非徒无益，而又重子蔽蒙也。子见雪之白乎？则恍然而目眩，子见雪之寒乎，则竦然而毛起。五官之为害，惟目为甚。故圣人不为。雪乎，雪乎，吾见子知为目也。子其殆矣！"

【注释】

　　①藩外：藩篱之外，也指屏障。

　　②恚（huì）言：怨恨愤怒之言。

　　③喑呜踞蹙：悲咽局促。

【译文】

　　苏轼说："我在这个地方，自己觉得已经在藩篱之外很久了，你又能让我安往何处？"客人答道："你真是太不知道了。势力不足以作为屏障，名誉不足以作为屏障，阴阳不足以作为屏障，做人的道理不足作为屏障。对于我来说所谓屏障，不过是智慧罢了。智慧储存在内心，发出来就是言语，言语才有所指，具体到行动上，行动则有意义。倘若你想声张又不声张，想沉默又不沉默，就好像醉酒人的怨怒之话，狂妄人的狂妄之行，即使掩住他的口抓住他的臂膀，他还是悲咽局促不止。那么屏障对于人来说，反而更坚固了。人之所以有祸患，是因为有身体；身体之所以有祸患，是因为有心。在这园圃里构筑雪堂，能够放纵您的身体吗？堂上画的雪，能够放纵您的心灵吗？身体待在雪堂里而感到安逸，则就是外形还不能放下。心因为雪而感到清冷警醒，就是您的神固然不够凝宁。你既然能知见事物焚而烬矣，烬又复燃，那么修作这个雪堂，非但徒劳无益，而又使您再次受到蒙蔽。您看见雪的洁白了吗？恍恍然刺眼，您又感到雪的寒冷了吗？竦然而寒毛起。伤害五官的，只有眼睛最为厉害。因此圣人保护它不受伤害。雪啊，雪啊，我见您用眼睛去认知。您似乎要危险了！"

一句话阅读

　　五夜光寒，照来积雪平于栈。西风何限，自起披衣看。　　对此茫茫，不觉成长叹。何时旦，晓星欲散，飞起平沙雁。

——（清）纳兰性德

书《洛阳名园记》后

李格非

推荐者

段启明

　　首都师范大学文学院教授、博士生导师。1964年毕业于北京师范大学中文系，1964—1988年任教于西南师范大学中文系，1988—1992年任首都师范大学出版社社长、总编，1992年至今，任教于首都师范大学文学院。长期从事中国古代文学教学与研究，主要著作有《红楼艺术论》《西厢论稿》《中国文学史长编》（元明清卷）及《中国古代小说戏曲述评辑略》等。现兼任北京曹雪芹学会顾问、中国红楼梦学会常务理事等。

推荐缘由

　　李格非（约1045—约1105），字文叔，是中国文学史上最著名的女词人李清照的父亲。北宋熙宁九年（1076）进士，官至提点京东路刑狱，有文才，为人耿介，不慕权贵，受知于苏轼。有《李格非集》行世，今存其代表作《洛阳名园记》。本文即此《记》之跋。

全文短小精练，表达了深刻的思想。首先，揭示了一个客观存在的历史现象："洛阳之盛衰，天下治乱之候也""园圃之废兴，洛阳盛衰之候也"。由此而说明，《洛阳名园记》显示了治乱盛衰的时代变迁的价值和意义。其次，更为重要的是，以"废兴之变"警告那些为"一己之私"而胡作非为的"公卿大夫"，一旦改朝换代，仍欲"退享"洛阳园圃之乐，则是绝对不可能的。

短短几百字的文章，不仅富有深刻的历史感，而且文辞警策，借古讽今，发人深省，是一篇好文章，值得一读。

经典原文

洛阳处天下之中，挟崤渑^①之阻，当秦陇之襟喉^②，而赵魏之走集^③，盖四方必争之地也。天下常无事则已，有事，则洛阳先受兵。予故尝曰："洛阳之盛衰，天下治乱之候^④也。"

方唐贞观、开元之间，公卿贵戚开馆列第于东都者，号千有余邸。及其乱离，继以五季^⑤之酷，其池塘竹树，兵车蹂^⑥践，废而为丘墟。高亭大榭^⑦，烟火焚燎，化而为灰烬，与唐俱灭而共亡，无余处矣。予故尝曰："园圃之废兴，洛阳盛衰之候也。"

且天下之治乱，候于洛阳之盛衰而知；洛阳之盛衰，候于园圃之废兴而得。则《名园记》之作，予岂徒然哉？

呜呼！公卿大夫方进^⑧于朝，放乎一己之私以自为，而忘天下之治忽^⑨，欲退享此乐，得乎？唐之末路是矣！

【注释】

①挟（xié）：拥有，挟持。崤（xiáo）：崤山，在河南洛宁县西北。渑（miǎn）：即渑池，古城名，在今河南渑池县西。

②襟喉：指要冲之地。

③走集：往来必经的险要之地。

④候：征候。

⑤五季：五代（指五代十国时期）。

⑥蹂：践踏。

⑦榭：建在高土台上的敞屋。

⑧进：任官。

⑨治忽：治乱。

【译文】

　　洛阳地处全国的中部，拥有崤山、渑池的险阻，算是秦川、陇地的咽喉，又是赵、魏争着向往的地方，是四方诸侯必争之地。天下如果经常太平无事也就罢了，一旦有战事，那么洛阳总是首先遭受战争。为此我曾说过："洛阳的兴盛和衰败，是天下太平或者动乱的征兆啊。"

　　正当唐太宗贞观、唐玄宗开元盛世时，公卿贵族、皇亲国戚在东都洛阳营建公馆府第的，号称有一千多家。等到后期遭受动乱而流离失所，接着是五代的惨痛破坏，那些池塘、竹林、树木，被兵车践踏，变成一片废墟。高高的亭阁、宽大的楼台，被战火焚烧，化成灰烬，跟唐朝一起灰飞烟灭，没有留下一处。我因此曾说："馆第园林的繁盛或毁灭，就是洛阳兴旺或衰败的征兆啊。"

　　况且天下的太平或动乱，从洛阳的兴衰就可以看到征兆；洛阳的兴衰，又可以从馆第园林的兴废看到征兆，那么《洛阳名园记》这部作品，我难道是浪费笔墨的吗？

　　唉！公卿大夫们现在正被朝廷提拔任用，放纵一己的私欲，为所欲为，却忘掉了国家的太平或动乱的大事，想以后退隐了再享受这种园林之乐，能办得到吗？唐朝最后覆灭的情形就是这样啊！

一句话阅读

自胡马窥江去后，废池乔木，犹厌言兵。

——（南宋）姜夔

朱子语类（节选）

朱 熹

推荐者

郭晓东

1970年生，福建霞浦人，复旦大学哲学学院教授，博士生导师，中国哲学教研室主任。著有《识仁与定性——工夫论视域下的程明道哲学研究》(复旦大学出版社，2006)、《经学、道学与经典诠释》(台湾大学出版中心，2011)、《戴氏注论语小疏》(华东师大出版社，2014)、《宋明理学》(合著，南京大学出版社，2009)、《春秋公羊学史》(合著，华东师大出版社，2017)，另主编有"清代春秋学汇刊""宋元春秋学丛刊"等，有学术论文六十余篇。

推荐缘由

《朱子语类》是南宋理学家朱熹语录的汇编，于南宋度宗咸淳六年（1270）由黎靖德编辑出版。本文所选三则，分别见于《朱子语类》卷104、卷116与卷119。第一则为朱子论读书法，认为读书应当熟读精读，从而才可以见到义理之

"真味"；第二则讨论天理人欲问题，以为道德修养的关键，在于所谓"天理人欲交战之机"，故存得一番天理，即可灭得一番人欲；第三则讨论义利之辨，认为这是学者的"切身"之事，以义利不两立为学问之大关节处。

经典原文

一

读书须读到不忍舍①处，方是见得真味。若读之数过，略晓其义即厌之，欲别求书看，则是于此一卷书犹未得趣也。盖人心之灵，天理所在，用之则愈明。只提醒精神，终日着意，看得多少文字！穷得多少义理！徒为懒倦②，则精神自是愦愦③，只恁昏塞不通，可惜！

二

问："寻常遇事时，也知此为天理，彼为人欲。及到做时，乃为人欲引去，事已却悔④，如何？"曰："此便是无克己工夫。这样处，极要与他埽除打叠⑤，方得。如一条大路，又有一条小路。明知合行大路，然小路面前有个物引着，自家不知不觉行从小路去；及至前面荆棘芜秽，又却生悔。此便是天理人欲交战之机。须是遇事之时，若⑥克下⑦，不得苟且放过。此须明理以先之，勇猛以行之。若是上智圣人底资质，不用着力，自然存天理而行，不流于人欲。若贤人资质次于圣人者，到遇事时固不会错，只是先也用分别教⑧是而后行之。若是中人之资质，须大段着力，无一时一刻不照管克治，始得。曾子曰：'仁以为己任，不亦重乎！死而后已，不亦远乎！'又曰：'战战兢兢，如临深渊，如履薄冰。而今而后，吾知免夫，小子！'直是恁地用功，方得。"

三

廷秀问："今当读何书？"曰："圣贤教人，都提切己说话，不是教人向外，只就纸上读了便了。自家今且剖判⑨一个义利。试自睹当自家，今是要求人知？要自为己？孔子曰：'君子喻⑩于义，小人喻于利。'又曰'古之学者为己，今之学者为人。'孟子曰：'亦有仁义而已矣，何必曰利！'孟子虽是为时君言，在学者亦是切身事。大凡为学，且须分个内外，这便是生死路头！今人只一言一动，亦步亦趋，便有个为义为利在里。从这边便是为义，从那边便是为利；向内便是入圣贤之域，向外便是趋于不肖之途。这里只在札定脚做将去，无可商量。若是已认得这个了，里面煞有工夫，却好商量。"

【注释】

①舍：放弃，释手。

②懒倦：懒惰。

③愦愦：混乱不清。

④悔：后悔莫及。

⑤埽除打叠：梳理清楚。

⑥若：就要做。

⑦克下：克己。

⑧教：分辨。

⑨剖判：剖析，判断。

⑩喻：懂得。

【译文】

一

读书应该读到不忍释手之时才能领略到书中真意。如果只是粗读几遍，大概了解书中大义就感到满足，然后就去找其他书来看，那么，就是连看过的这一卷书，其实也没有真正明白其中含义。人心是天理所在，勤于用心才会明白事理。如果让头脑清醒，整日用心，那么，会看多少书！理解多少义理！如果懒惰，那么精神就会混乱不清，只是如此昏昏沉沉，不通道理，太可惜了。

二

（门人）问："一般遇到事情的时候，也知道这是天理，那是人欲。等到去做事情时，却又被人欲所引诱，事后又去后悔莫及，这应该怎么办？"朱子回答说："这便是缺乏'克己'的功夫。对待情况，极需要给他把问题梳理清楚才可以。就好像前面有一条大道，又有一条小道一样。心里明知道要走大道，但是，却被小道上的东西所吸引，自己不知不觉地走上了小道；等到前面遇到荆棘杂草，心里就后悔。这里便是天理与人欲斗争的关键所在。所以，必须在遇到具体问题的时候，就要去做克己的功夫，不可以姑且放过。这就要首先在道理上明白是非，然后勇敢地去做。假如是圣人那样的资质，他就无须劳神费力去思考，自然会按照天理去做，而不会流于人欲。假如是资质仅次于圣人那样的人，他们遇到这种情况固然不会做错。只是他们首先需要分辨天理与人欲，然后才去行动。假如是普通的人，那就需要仔细用心，每时每刻克制自己的私欲，那么做事的时候才不至于被人欲所误导。曾子曾说：'以实行仁德作为自己一生的使命，这不是很沉重吗？为了这个使命到死方休。这不是很遥远吗？'他又说：'正如《诗经》所说的那样，小心谨慎，好像面临深渊，又好像如履薄冰。从今以后，我才知道自己是可以免除祸福刑戮的了！'学生们，应该要这样下大功夫才行。"

三

廷秀问："现在我们应该读什么书？"朱子回答说："古代的圣贤教育人，都是用自己切身的体会来说教，不是让人只求表面，只满足于读了书而已。今天自己暂且分辨个义利之别。试着察看下自己，是要为了在人前出名，还是完全为了自己呢？孔子说：'君子懂得的是义，小人懂得的是利。'又说：'古代的学者学习的目的是修养自己的学问道德，现在学者的目的是给别人看。'孟子说：'只讲仁义就可以了，为什么一定要讲利呢？'孟子的这句话当时虽然是对梁惠王说的，但是对学者来说也是切身大事。一般来说，学习、做学问就要分清内外，这是最紧要的问题。人的一言一行，一举一动，都存在一个为义还是为利的问题。从这边就是为义，从那边就是为利。向内就是走向圣贤之路，向外就是走向愚昧不才之路。在这个（分辨内外、义利、为人还是为己的）问题上，一定要踏踏实实地去做，不容商量。如果在这个问题上认识清楚了，深入下去还需下大功夫，但是，这还可以进一步讨论。"

一句话阅读

读书破万卷，下笔如有神

——（唐）韩愈

四、明清文

游东山记

杨士奇

推荐缘由

　　山水田园是中国古代诗歌散文的重要母题，而山水田园中自有作者的一番情怀存焉。杨士奇的《游东山记》重点描写了访村、饮酒、赋诗、歌舞、戏鱼等活动，在看似质朴的叙述中表现了闲适恬淡的文人雅趣。结尾补记由友人仙逝而生发的人生聚散无常之怀，让人感叹动容！

经典原文

　　洪武乙亥，余客武昌。武昌蒋隐溪先生，始吾庐陵①人，年已八十余，好道家书。其子立恭，兼治儒术，能诗。皆意度阔略②。然深自晦匿③，不妄交游，独与余相得也。

是岁三月朔，余三人者，携童子四五人，载酒肴出游。隐溪乘小肩舆，余与立恭徒步。天未明，东行，过洪山寺二里许，折北，穿小径可十里，度松林，涉涧。涧水澄澈，深处可浮小舟。傍有盘石，容坐十数人。松柏竹树之阴，森布蒙密④。时风日和畅，草木之葩烂然，香气拂拂袭衣，禽鸟之声不一类。遂扫石而坐。

坐久，闻鸡犬声。余招立恭起，东行数十步，过小冈，田畴平衍⑤弥望，有茅屋十数家，遂造焉。一叟可七十余岁，素发如雪，被两肩，容色腴泽，类饮酒者。手一卷，坐庭中，盖齐丘⑥《化书》。延余两人坐。一媪捧茗碗饮客。牖下有书数帙，立恭探得《列子》，余得《白虎通》，皆欲取而难于言。叟识其意，曰："老夫无用也。"各怀之而出。

还坐石上，指顾童子摘芋叶为盘，载肉。立恭举匏壶注酒，传觞数行。立恭赋七言近体诗一章，余和之。酒半，有骑而过者，余故人武昌左护卫李千户⑦也。骇而笑，不下马，径马去。须臾，具盛馔，及一道士偕来。道士岳州人刘氏，遂共酌。道士出《太乙真人图》求诗。余赋五言古体一章，书之。立恭不作，但酌酒饮道士不已。道士为能胜，降跽⑧谢过。众皆大笑。李出琵琶弹数曲。立恭折竹，窍而吹之，作洞箫声。隐溪歌费无隐《苏武慢》。道士起舞蹁跹，两童子拍手跳跃随其后。已而道士复揖立恭曰："奈何不与道士诗？"立恭援笔书数绝句，语益奇。遂复酌。余与立恭饮少，皆醉。

起，缘涧观鱼。大者三四寸，小者如指。余糁饼饵投之，翕然聚，已而往来相忘也。立恭戏以小石掷之，辄尽散不复。因共慨叹海鸥之事⑨，各赋七言绝诗一首。道士出茶一饼，众析而嚼之。余半饼，遣童子遗予两人。

已而岁阳距西峰仅丈许，隐溪呼余还，曰："乐其无已乎？"遂与李及道士别。李以率从二骑送立恭及余。时恐晚不能入城，度涧折北而西，取捷径，望草埠门以归。中道，隐溪指道旁冈麓顾余曰："是吾所营乐丘⑩处也。"又指道旁桃花语余曰:"明年看花时索我于此。"

既归,立恭曰:"是游宜有记。"属未暇也。

是冬,隐溪卒,余哭之。明年寒食,与立恭豫约诣墓下。及期余病,不果行。未几,余归庐陵,过立恭宿别,始命笔追记之。未毕,立恭取读,恸哭;余亦泣下,遂罢。然念蒋氏父子交好之厚,且在武昌山水之游屡矣,而乐无加乎此,故勉而终记之。手录一通,遗立恭。呜呼!人生聚散靡常,异时或望千里之外,一展读此文,存没离合之感其能已于中耶?

既游之明年,八月戊子记。

【注释】

①庐陵:今江西吉安市。

②意度阔略:心态旷达,无所拘泥。

③晦匿:隐迹深藏。

④森布蒙密:形容树荫浓密。

⑤平衍:平坦广阔。

⑥齐丘:南唐大臣,官至中书令。《化书》本为南唐道士谭峭著,齐丘窃为己作,故也名《齐丘子》。

⑦李千户:姓李的千户。明代卫所兵制设千户所,其长官为千户,分驻重要府州。

⑧降跽:下跪。

⑨海鸥之事:事见《列子·黄帝》:"海上之人有好沤(鸥)鸟者,每旦之海上,从沤鸟游,沤鸟之至者百住(数)而不止。其父曰:'吾闻沤鸟皆从汝游,汝取来,吾玩之。'明日之海上,沤鸟舞而不下也。"

⑩乐丘:指坟墓。

【译文】

洪武二十八年,我旅居武昌。武昌有位蒋隐溪先生,祖上也是我们庐陵人，已经八十多岁，爱读道家书。儿子立恭会写诗。父子二人都是气度旷达的人，平日深居简出，隐藏自己的志向和才气，不随便与人来往，只和我情投意合。

这年三月初一，我们三人带着四五个童仆，携带酒食，出门远游。天还没有亮，朝东走，走过洪山寺二里左右，向北拐，走小路大约十里，穿松林，蹚水过山涧。涧水清澈，深处可以泛小舟。溪边一块大圆石，能坐十几个人。青松翠竹，绿荫掩映，十分茂密。这时风和日丽，野草与树木的花朵盛开，香气飘拂沾染衣裳袭人，百鸟争鸣。于是动手清扫石面，坐在上面。

坐了许久，听见鸡叫声和狗吠声。我招呼立恭起身，向东走了几十步，翻过一道山冈，只见田野平坦广阔，近处有十几间茅舍。于是前去拜访。一位约有七十多岁的老者，长长的头发像雪一样白，披落在双肩，面容红润光泽，好像是会饮酒的人。手拿一卷书，坐在院中，大概是齐丘的《化书》。老者邀请我们两人坐下。一老妇人捧着茶碗招待我们，窗下有几套书。立恭抽出一册《列子》，我拿起一部《白虎通》，都想把书带走却不便开口索取。老人看出了我们的心思，说："这两部书我没有用处。"于是，我们两人各自将书揣在怀里，告辞离开。

回到石上坐下，分派童子摘来芋叶当盘子，把肉放在上面。立恭举起酒葫芦斟酒，传递酒杯依次喝了几轮，立恭乘兴写了一首七言近体诗，我和了一首。酒喝到一半，有一个骑马经过的人，竟是我的老朋友武昌左护卫李千户。他先是感到惊讶，相视一笑，却并不停留，径直驱马离开。不久，便备办了丰盛的酒菜，带着一位道士一起来。道士是岳州刘氏。于是我们和他们一起喝酒。道士拿出一幅《太乙真人图》请我们题诗。我题写了一首五言古诗。立恭不写，只一味地向道士敬酒。道士不能承受，躬身告饶，引得众人捧腹大笑。李千户取出琵琶连弹数曲。立恭也折断一根竹子，钻了几个孔，吹奏起来，发出洞箫般悦耳的声音。隐溪老先生也忍不住唱了一阕费无隐的《苏武慢》。道士翩翩起舞，两个童仆也跟在他后面拍着手跳了起来。之后，道士再次拱手行礼问立恭："先生为何不肯为贫道赋诗！"立恭提笔写了几首绝句，诗句更加新奇。于是重新喝酒，我和立恭酒量不大，都有些醉意。

　　站起，沿着溪涧赏鱼。大的三四寸，小的像指头。我将饼饵散成颗粒状投给鱼，鱼聚合在一起，一会又散开。立恭用小石子投掷戏玩，鱼就都散开不再聚集。于是慨叹海鸥之事，各赋七言绝诗一首。道士拿出一茶饼，大家分开嚼着。剩余半个，派童子赠给我们两人。

　　不久，太阳西下，距离西边山峰只剩一丈多了，隐溪先生唤回我俩，说："玩乐难道没有止境吗！"于是，我们和李千户、道士拱手作别。途中，隐溪先生指着道旁山冈脚下，回头对我说："这里就是我修建坟墓的地方。"又指着路边的桃树嘱咐我："明年赏桃花时就到这里来找我吧。"

　　回来之后，立恭对我说："这次游览可得写篇游记。"可是当时我没有闲暇来作文。

　　这年冬天，隐溪先生竟溘然长逝。我痛哭哀悼。第二年寒食节，与立恭相约去给老人家扫墓。没想到那时我又闹了一场病，未能如约前往。过了不久，我将要返回庐陵，临行特地到立恭府上留宿话别，这才动手追记东山之行。没有写完，立恭拿去读，边读边哭，我也忍不住潸然泪下，于是再次搁笔。但是想到自己往日与蒋氏父子交好深厚，而且在武昌逗留期间，多次相约游览山水，没有比那一次更快乐的了，因此勉力完成。手录一篇，赠送给立恭。人生聚散无常，他日遥望远方，展读此文，离合之感岂能不涌上心头！

　　东山春游的第二年，八月初三日记。

一句话阅读

　　　泛花邀坐客，代饮引清言。

　　　　　　　　　　　　　　　　　——（唐）颜真卿

尊经阁记（节选）

王守仁

推荐者

陈　明

推荐缘由

《尊经阁记》的作者是明代心学宗师——阳明先生王守仁。作为一位颇具传奇色彩的儒门巨擘，今人多喜谈论其格竹之病、龙场之悟以及最负盛名的平乱之捷，又或者孜孜于其迥异于程朱理学的"阳明四句教"。相较之下，阳明先生的锦绣文章反倒少有人注目。这篇《尊经阁记》，乃阳明先生为重建的会稽山书院尊经阁所写，其文以阐明"尊经"之义为旨，以"经，常道也"为全文枢机，语重心长地劝慰后人尊经重道。文章虽小，却是直指其心学要旨，今人欲知宋明以来心学之大要，不妨从此下手。

经典原文

经①，常道也。其在于天，谓之命；其赋于人，谓之性；其主于身，谓之心。心也，性也，命也，一也。

君子之于六经也，求之吾心之阴阳消息而时行焉，所以尊《易》也；求之吾心之纪纲政事而时施焉，所以尊《书》也；求之吾心之歌咏性情而时发焉，所以尊《诗》也；求之吾心之条理节文而时著焉，所以尊《礼》也。

盖昔者圣人之扶人极②，忧后世，而述六经也，犹之富家者之父祖，虑其产业库藏之积，其子孙者，或至于遗忘散失，卒困穷而无以自全也，而记籍其家之所有以贻之，使之世守其产业库藏之积而享用焉，以免于困穷之患。故六经者，吾心之记籍也，而六经之实，则具于吾心。犹之产业库藏之实积，种种色色，具存于其家，其记籍者，特名状数目而已。而世之学者，不知求六经之实于吾心，而徒考索于影响③之间，牵制于文义之末，硁硁然以为是六经矣。是犹富家之子孙，不务守视享用其产业库藏之实积，日遗忘散失，至为窭人丐夫，而犹嚣嚣然指其记籍曰："斯吾产业库藏之积也！"何以异于是？

呜呼！六经之学，其不明于世，非一朝一夕之故矣。尚功利，崇邪说，是谓乱经；习训诂，传记诵，没溺于浅闻小见，以涂天下之耳目，是谓侮经；侈淫辞，竞诡辩，饰奸心盗行，逐世垄断，而犹自以为通经，是谓贼经。若是者，是并其所谓记籍者，而割裂弃毁之矣，宁复之所以为尊经也乎？

越城旧有稽山书院，在卧龙西冈，荒废久矣。郡守渭南南君大吉，既敷政于民，则慨然悼末学之支离，将进之以圣贤之道，于是使山阴令吴君瀛拓书院而一新之，又为尊经阁于其后，曰："经正则庶民兴；庶民兴，斯无邪慝矣。"阁成，请予一言以谂多士，予既不获辞，则为记之若是。呜呼！世之学者，得吾说而求诸其心焉，其亦庶乎知所以为尊经也矣。

【注释】

①经：这里指儒家奉作经典的《诗》《书》《易》《礼》《乐》《春秋》六部著作。

②人极：此处指做人的道德标准。

③影响：影子和反响，这里是指关于六经的传闻、注释。

【译文】

经是永恒不变的真理，它在天称为"命"，禀赋于人称为"性"，作为人身的主宰称为"心"。心、性、命，是一个东西。

君子对待六经，省察心中的阴阳盛衰而使之及时运行，这才是尊重《易》；省察心中的纪纲政事而使之及时施行，这才是尊重《书》；省察心中的歌咏性情而使之及时感发，这才是尊重《诗》；省察心中的体统仪节而使之及时发扬，这才是尊重《礼》。

大抵古代圣人匡扶人间正道、担心后世颓败而著述六经，正如同富家的上一辈，担心他们的产业和库藏中的财富，到子孙手里会被遗忘散失，不知哪一天陷入穷困而无以自谋生活，因而记录下他们家中所有财富的账目而遗留给子孙，使他们能永世守护这些产业库藏中的财富而得以享用，以避免贫困的祸患。所以六经，是我们内心的账本，而六经的实际内容，则具备在我们内心，正如同产业库藏的财富，各种各样的具体物资，都存在家里。那账本，不过记下它们的名称品类数目罢了。而世上学六经的人，不懂得从自己的心里去探求六经的实际内容，却空自从实际之外的仿佛的形迹之中去探索，被文字训诂的细枝末节牵制，鄙陋地以为那些就是六经了。这正像富家的子孙，不致力守护和享用家中的产业库藏中的实际财富，一天天遗忘散失，而终于变成穷人乞丐，却还要傲慢地指着账本，说道："这便是我家产业库藏的财富！"同这有什么两样？

唉！六经之学，它的不显扬于人世，不是一朝一夕的事了。重视功利，崇奉谬论，这叫作淆乱经义；学一点文字训诂，教授章句背诵，沉陷于浅薄的知识和琐屑的见解，以掩蔽天下的耳目，这叫作侮慢经文；肆意发表放荡的论调，逞诡辩以取胜，文饰其邪恶的心术和卑劣的行为，驰骋世间以自高身价，而还自命为通晓六经，这叫作残害经书。像这样一些人，简直是连所谓账本都割裂弃废掉了，哪里还知道什么叫作尊重六经呢！

越城过去有稽山书院，在卧龙西岗，荒废已久了。知府渭南人南大吉君，在治理民政之暇，就慨然痛惜晚近学风的颓败，将使之重归于圣贤之道，于是命山阴县令吴瀛君扩大书院使之一新，又建造一座尊经阁于书院之后，说道："经学归于正途则百姓就会振奋，百姓振奋那便不会犯罪作恶了。"尊经阁落成，邀我写一篇文章，来晓喻广大的士子，我既推辞不掉，便为他写了这篇记。唉！世上的读书人，掌握我的主张而求理于内心，当也大致接近于知道怎么样才是真正地尊重六经的了。

一句话阅读

不学自知，不问自晓，古今行事，未之有也。

——（东汉）王充

示弟立志说（节选）

王守仁

推荐者

郭晓东

推荐缘由

《示弟立志说》，明代心学的代表人物王阳明所作。本文作于明武宗正德十年（1515），为阳明应其弟王守文求问学而作，全文收入《王阳明全集》卷七。阳明心学主张心即理，强调学问的功夫在于致良知，而这一功夫的下手处即是立志。在阳明看来，一个人的心志，如同于水之源、木之根，"源不濬则流息，根不植则木枯"，所以无时无处都应该以立志为首务。对于阳明而言，志若立，则理自明，私欲萌动尽除，故又说："盖终身问学之功，只是立得志而已。"

经典原文

　　夫立志亦不易矣。孔子，圣人也，犹曰："吾十有五而志于学，三十而立。"①立者，志立也。虽至于"不逾矩"，亦志之不逾矩也。志岂可易而视哉！夫志，气之帅也②，人之命也，木之根也，水之源也。源不濬则流息，根不植则木枯，命不续则人死，志不立则气昏。是以君子之学，无时无处而不以立志为事。正目而视之，无他见也；倾耳而听之，无他闻也。如猫捕鼠，如鸡覆卵，精神心思凝聚融结，而不知有其他，然后此志常立，神气精明，义理昭著。一有私欲，即便知觉，自然容住不得矣。故凡一毫私欲之萌，只责此志不立，即私欲便退；听一毫客气之动，只责此志不立，即客气便消除。或怠心生，责此志，即不怠；忽心生，责此志，即不忽；燥心生，责此志，即不燥；妒心生，责此志，即不妒；忿心生，责此志，即不忿；贪心生，责此志，即不贪；傲心生，责此志，即不傲；吝心生，责此志，即不吝。盖无一息而非立志责志之时，无一事而非立志责志之地。故责志之功，其于去人欲，有如烈火之燎毛，太阳一出，而魍魉潜消也。

　　自古圣贤因时立教，虽若不同，其用功大指无或少异。《书》谓"惟精惟一"③，《易》谓"敬以直内，义以方外"④，孔子谓"格致诚正，博文约礼"⑤，曾子谓"忠恕"⑥，子思谓"尊德性而道问学"⑦，孟子谓"集义养气，求其放心"⑧，虽若人自为说，有不可强同者，而求其要领归宿，合若符契。何者？夫道一而已⑨，道同则心同，心同则学同。其卒不同者，皆邪说也。

　　后世大患，尤在无志。故今以立志为说，中间字字句句，莫非立志。盖终身问学之功，只是立得志而已。若以是说而合精一，则字字句句皆精一之功；以是说而合敬义，则字字句句皆敬义之功。其诸"格致"，"博约"，"忠恕"等说，无不吻合。但能实心体之，然后信予之非妄也。

【注释】

①"吾十有"句：出自《论语·为政》："子曰：'吾十有五而志于学，三十而立，四十而不惑，五十而知天命，六十而耳顺，七十而从心所欲不逾矩。'"

②"夫志"句：出自《孟子·公孙丑上》："夫志，气之帅也；气，体之充也。夫志至焉，气次焉。"

③惟精惟一：出自《尚书·大禹谟》："人心惟危，道心惟微，惟精惟一，允执厥中。"

④"敬以直内"两句：出自《坤卦·文言》："君子敬以直内，义以方外，敬义立而德不孤。"

⑤格致诚正，博文约礼：出自《论语·雍也》："君子博学于文，约之以礼，亦可以弗畔矣夫。"《大学》："欲正其心者，先诚其意；欲诚其意者，先致其知；致知在格物。"

⑥忠恕：出自《论语·里仁》："子曰：'参乎！吾道一以贯之。'曾子曰：'唯。'子出。门人问曰：'何谓也？'曾子曰：'夫子之道，忠恕而已矣！'"

⑦"尊德性"句：出自《中庸》："故君子尊德性而道问学，致广大而尽精微，极高明而道中庸。"

⑧集义养气，求其放心：出自《孟子·公孙丑上》："我知言，我善养吾浩然之气"；"其为气也，配义与道；无是，馁也。是集义所生者，非义袭而取之也"。《孟子·告子上》："学问之道无他，求其放心而已矣。"

⑨"夫道"句：出自《孟子·滕文公上》："夫道，一而已矣。"

【译文】

立志是非常不容易做到的。孔子被后世推尊为圣人，他尚且说："吾十有五而志于学，三十而立。"所谓三十而立，就是把志向真正立起来。孔子在七十岁达到"从心所欲不逾矩"的境界，所谓不逾矩，即是其心志之不逾矩。对于立志，难道能等闲视之吗？

心志能统率一身之气，它是生命的原动力，立志对于一个人安身立命的重要性，犹如树根之于树木，水源之于河流。如果河水的源头不疏通，那么河流就会干涸；如果种树而不培植树根，那么树木就会枯萎；人之性命如果得不到延续，人就会死亡；人之志向不立，则其气质驳杂昏沉。所以君子修学，无时无处不以立志作为第一要务。

立志贵在专一，在收视返听上用功夫，目不斜视，耳不旁听，做到心无旁骛，像猫捕老鼠、母鸡孵小鸡那样聚精会神，凝神定气。如果能做到一心不乱，则志向常立，神气精明，义理昭著。

一旦内心萌发私欲，由于内心清明，立刻就能察觉。心体上无丝毫挂碍，自然容不得一点私念留滞，就像眼睛里容不得一点儿灰尘一样。有一点儿私欲萌发，就提高警惕，反思自己志向是否坚定，那么私欲自然消退。如果此心被外境有丝毫扰动而不能自主，同样反思自己志向有无动摇，那么客气便会消除。

生了懈怠之心，反思自己志向，就不会懈怠；生了忽易之心，反思自己志向，就不会忽易；生了急躁之心，反思自己志向，就不会急躁；生了嫉妒之心，反思自己志向，就不会嫉妒；生了愤恨之心，反思自己志向，就不会愤恨；生了贪欲之心，反思自己志向，就不会贪欲；生了傲慢之心，反思自己志向，就不会傲慢；生了吝啬之心，反思自己志向，就不会吝啬。

君子为学需要随时随地立其志责其志，如果保持戒惧之心不间断，志向坚定而恒久，那么对治欲念就像烈火燃烧羽毛一样容易，犹如太阳一出，魑魅自然潜消。

往圣前贤因时制宜而立教，虽然教法有所不同，但圣贤教人用功的主旨几乎没有差异。《尚书》说"惟精惟一"，《周易》说"敬以直内，义以方外"，孔子说"格致诚正，博文约礼"，曾子说"忠恕"，子思说"尊德性而道问学"，孟子说"集义养气，求其放心"。虽然圣贤立言垂教不同，后人不能强制求同，但殊途而同归。为什么这样说呢？如孟子说"夫道，一而已矣"。道同则心同，心同则学同。如果后世学者其立言有不同者，那么都可以归为歪理邪说一类了。

对于后世学者来说，阻碍其进德修业的大患，更是在于志向不立。我此篇立志说，字字句句都是在说立志。大概君子终身问学之功，不过是立志而已。

如果以此立志说对照《尚书》之"惟精惟一",那么字字句句都是"惟精惟一"之功;对照《周易》之"敬以直内,义以方外",字字句句都是"敬以直内,义以方外"之功。与"格致""博约""忠恕"等圣贤言教,也都是相吻合的。你们如果能反求诸己,笃实用心体会,就会知道我的立志说并非虚妄。

一句话阅读

　　为天地立心,为生民立命,为往圣继绝学,为万世开太平。

——(北宋)张载

训蒙大意示教读刘伯颂等

王守仁

推荐者

楼宇烈

推荐缘由

　　《训蒙大意示教读刘伯颂等》告诉一个老师、一个私塾的校长怎样去启发儿童。启发儿童要懂得儿童喜欢游戏，喜欢玩的特点，所以王阳明讲儿童的教育一定要寓教于乐，从各种各样的游戏中间让他学到做人、做事的道理，遵守一定的行为规范，否则的话，这些学生就会把学校看作牢狱，把老师看作仇寇。所以一定要顺着儿童本性循循善诱地引导他们，寓教于乐。

经典原文

　　古之教者，教以人伦。后世记诵词章之习超，而先王之教亡。今教童子，惟当以孝弟忠信礼义廉耻为专务；其栽培涵养之方，则宜诱之歌诗以发其志意，导之习礼以肃其威仪，讽之读书以开其知觉。今人往往以歌诗、习礼为不切时务，此皆末俗庸鄙之见，乌足以知古人立教之意哉！

大抵童子之情，乐嬉游而惮拘检，如草木之始萌芽，舒畅之则利达，摧挠之则衰痿。今教童子必使其趋向①鼓舞，中心喜悦，则其进自不能已。譬之时雨春风，沾被卉木，莫不萌动发越，自然日长月化。若冰霜剥落，则生意萧索，日就枯槁矣。故凡诱之歌诗者，非但发其志意而已，亦所以泄其跳号呼啸于咏歌，宣其幽抑结滞于音节也；导之习礼者，非但肃其威仪而已，亦所以周旋揖让而动荡其血脉，拜起屈伸而固束其筋骸也；讽之读书者，非但开其知觉而已，亦所以沉潜反复而存其心，抑扬讽诵以宣其志也；凡此皆所以顺导其志意，调理其性情，潜消其鄙吝，默化②其麤顽③，日使之渐于礼义而不苦其难，入于中和而不知其故，是盖先王立教之微意也。

若近世之训蒙稺④者，日惟督以句读课仿，责其检束而不知导之以礼，求其聪明而不知养之以善，鞭挞绳缚，若待拘囚；彼视学舍如囹狱而不肯入，视师长如寇仇而不欲见，窥避掩覆以遂其嬉游，设诈饰诡⑤以肆其顽鄙，偷薄庸劣⑥，日趋下流⑦。是盖驱之于恶而求其为善也，何可得乎！

凡吾所以教，其意实在于此。恐时俗不察，视以为迂，且吾亦将去，故特叮咛以告。尔诸教读其务体吾意，永以为训，毋辄因时俗之言，改废其绳墨，庶成"蒙以养正"之功矣，念之念之！

【注释】

①趋向：顺着。

②潜消、默化：暗地消除。

③麤顽：粗俗愚顽的秉性。麤，同"粗"。

④稺：同"稚"。

⑤洈：同"诡"。

⑥偷薄庸劣：得过且过，庸俗鄙陋。

⑦日趋下流：日益堕落。

【译文】

古代的教育，是以人伦道德为内容教学生。后来兴起了记诵词章的风气，先王的教育之义就消失了。现在教育儿童，只应把孝悌忠信礼义廉耻作为专门的功课。培养的具体方法，则应当引导他们吟唱诗歌来激发他们的志趣；引导他们学习礼仪，以严肃他们的仪容；劝导他们读书，以开启他们的智慧。现在，人们常常认为吟唱诗歌、学习礼仪不合时宜，这都是庸俗鄙薄的见识，他们这些人怎么知道古人立教的本意呢！

一般说来，儿童的性情是喜欢嬉戏玩耍而害怕约束，就像草木刚开始发芽时，如果让它舒展畅快地生长，就能迅速发育繁茂，如果摧残它就会很快枯萎。现在教育孩子，一定要使他们顺着自己的兴趣，多加鼓励，使他们内心喜悦，那么他们自然就能不断进步。有如春天的和风细雨，滋润了花草树木，花木没有不萌芽发育的，自然能一天天地茁壮生长。如果遇到冰霜的侵袭，那么它们就会萧条破败，一天天地枯萎。所以凡是通过吟唱诗歌来引导孩子们，不只是为了激发他们的志趣，也用来在吟唱诗歌中消耗他们蹦跳呼喊的精力，在音律中宣泄他们心中的郁结和不快。引导他们学习礼仪，不仅是为了严肃他们的仪容，也是借此让他们在揖让叩拜中活动血脉，在起跪屈伸中强健筋骨。教导他们读书，不仅是为了开启他们的智慧，也是借此使他们在反复思索中存养他们的本心，在抑扬顿挫的朗诵中弘扬他们的志向。所有这些都是用来顺应他们的天性，引导他们的志向，调理他们的性情，潜消默化他们的粗俗愚顽的秉性，这样使他们逐渐接近礼而不感到艰难，性情在不知不觉中达到了中正平和。这才是先王立教的深意。

至于现在的人教育儿童，每天只是用标点断句、课业练习督促他们，要求他们严格约束自己，却不知道用礼仪来引导他们，只知道要求他们聪明，却不知道培养他们的善良之心，只知道鞭挞束缚他们，像对待囚犯一样。于是，他们把学校看作监狱而不愿去，把老师看作强盗和仇人而不愿见，伺机逃避、掩饰遮盖来达到他们嬉戏玩耍的目的，作假撒谎来放纵他们的顽劣鄙陋本性。于是，他们得过且过，庸俗鄙陋，日益堕落。这是驱使他们作恶却又要求他们向善，这怎么可能呢？

我的教育理念，本意就在这里。我恐怕世人不能体察，认为我很迂腐，况且我就要离开了，所以特别加以叮咛嘱咐。你们这些教师，一定要体察我的用意，永远遵守，不要因为世俗言论就更改废弃我的规矩，也许可以成就"蒙以养正"的功效吧！切记切记！

一句话阅读

　　一树一获者，谷也；一树十获者，木也；一树百获者，人也。

——（春秋）管仲

呻吟语·外篇·人情

吕　坤

推荐者

程方平

推荐缘由

古人讲"世事洞明皆学问，人情练达即文章"，今人也说个人的成功靠智商，更要靠情商。而情商的高低其实就是阅人、阅世的能力和水平。

吕坤是明末著名的哲学家、思想家，他的《呻吟语》是一部探讨人生哲理的笔记合集。其人情篇，推堪人情物理，洞彻精微，言简意赅，意味深长，是提高个人阅人、阅世能力和水平的绝佳教材。

经典原文

圣人之道，本不拂人，然亦不求可人。人情原无限量，务可人不惟不是，亦自不能。故君子只务可理。

施人者虽无已，而我常慎所求，是谓养施；报我者虽无已，而我常不敢当，是谓养报；此不尽人之情，而全交之道也。

攻人者，有五分过恶，只攻他三四分，不惟彼有余惧，而亦倾心引服，足以塞其辩口。攻到五分，已伤浑厚，而我无救性矣。若更多一分，是贻之以自解之资，彼据其一而得五，我贪其一而失五矣。此言责家之大戒也。

见利向前，见害退后，同功专美于己，同过委罪于人，此小人恒态，而丈夫之耻行也。

任彼薄恶，而吾以厚道敦①之，则薄恶者必愧感，而情好愈笃。若因其薄恶也，而亦以薄恶报之，则彼我同非，特分先后耳，毕竟何时解释？此庸人之行，而君子不由也。

恕人有六：或彼识见有不到处，或彼听闻有未真处，或彼力量有不及处，或彼心事有所苦处，或彼精神有所忽处，或彼微意有所在处。先此六恕而命之不从，教之不改，然后可罪也已。是以君子教人而后责人，体人而后怒人。

【注释】

①敦：古代食器。此处当动词用，敦请。

【译文】

圣人的道理，本来并不违背人情，然而也不强求完全和人情相符。人情原本就是没有限量的，所以完全符合人情，不仅不对，本来就不可能，所以君子只求按理行事。

施恩于他人的人虽然没有限量，但被施的人却要谨慎地提出要求，这就是养施。报答的人虽然永远报答不完，但被报的人却常常不敢接纳，这叫作养报。这样做不会耗尽人情，是保全人们之间交往的有效方法。

指责他人时，他人有五分过错，只揭出三四分就可以了。这样不仅使他心有余悸，也会心悦诚服，难以辩驳。若是将五分全部揭出，就已伤到了感情，而自己也无可挽回。若是再多指责他人一分，就会给别人留下自我辩解的借口。他根据这一点就能推翻全部的五分过错，我却因一着不慎全盘皆输，这是在责备他人时一定要小心的。

看到利益就走向前，看到灾难就向后退，与他人一同做事，却将功劳全揽在自己身上，自己与他人一同犯下的过错，却将过失全推在他人身上，这是小人的一贯表现，而大丈夫以此为耻。

不管对方对待自己如何不淳厚，我都真诚地对待他，这样对我不淳厚的人一定会受到感动而惭愧，我们之间就会和好，感情也会更深厚。如果因为他不淳厚地对待我，我也不淳厚地对待他，那就是我们俩一样地不对，只是有个先后之分。这到什么时候能相互化解呢？这是庸俗人的行为，君子是不会这样做的。

可以在六个方面宽恕他人：或者是对方有见识不到的地方，或者是对方有没有听清楚的地方，或者是对方力量不足，或者是对方心有苦衷，或者是对方注意力不集中出现疏忽，或者是对方暗地里心有所想。对这六个方面，可以先宽恕，对已经指出后却不听从的，教导了却不悔改的，然后就可以指责他了。因此，君子先教育人然后才责备人；先体谅人，然后才怪罪人。

一句话阅读

尽己之谓忠，推己之谓恕。

——（南宋）朱熹

徐文长传（节选）

袁宏道

推荐者

任　锋

推荐缘由

徐渭，字文长，山阴人，明代文学家、书画家、戏曲家、军事家。多才多艺，在诗文、戏曲、书画方面都有很高的造诣。曾入胡宗宪幕，后癫狂下狱，出狱后云游四方，晚年贫困潦倒，郁郁而终。

袁宏道的《徐文长传》以传主的怀才不遇为基调，文笔简练，选取故事，组织材料，裁剪得当，引人入胜，刻画了一个血肉丰满却狂放不羁的士人形象。是古代传记文学的佳作，有奇文之美誉。

经典原文

　　文长既已不得志于有司，遂乃放浪曲蘖①，恣情山水，走齐、鲁、燕、赵之地，穷览朔漠。其所见山奔海立②，沙起云行，风鸣树偃③，幽谷大都，人物鱼鸟，一切可惊可愕之状，一一皆达之于诗。其胸中又有一段不可磨灭之气，英雄失路、托足无门④之悲，故其为诗，如嗔如笑，如水鸣峡，如种出土，如寡妇之夜哭，羁人之寒起。当其放意，平畴⑤千里；偶尔幽峭，鬼语秋坟。文长眼空千古，独立一时。当时所谓达官贵人、骚士墨客，文长皆叱而奴之，耻不与交，故其名不出于越⑥。悲夫！

　　……

　　文长喜作书，笔意奔放如其诗，苍劲中姿媚跃出。余不能书，而谬谓文长书决当在王雅宜、文征仲⑦之上。不论书法，而论书神：先生者，诚八法之散圣，字林⑧之侠客也。间以其余，旁溢为花草竹石，皆超逸有致。

【注释】

　　①曲蘖：即酒母，酿酒的发酵物，后遂以之代指酒。

　　②山奔海立：高山好像在飞奔，大海仿佛竖立起来。形容气势非常宏大。

　　③偃：倒下。

　　④托足无门：指没有落脚安身之处。

　　⑤平畴：田地。这里指平原。

　　⑥越：越地。指江浙一带。

　　⑦王雅宜、文征仲：王雅宜，指明代中期著名书法家王宠，号雅宜山人。善行草，精小楷。文征仲，即文征明（1470—1559），原名壁，字征明。

　　⑧字林：古代字书，晋吕忱著，收字12824个，按《说文解字》540部首排列，已佚。

【译文】

　　文长既然已经不得志于朝廷，于是便放浪形骸，肆意狂饮，纵情山水。游历了山东（齐鲁）、河北（燕赵），又饱览了塞外大漠。他所见的山如奔腾的骏马，海如壁立的高墙，胡沙满天雷霆千里，风雨交加树木掩映，幽深冷清的山谷和繁华热闹的都市，以及奇人异士、怪鱼珍鸟，所有前所未见令人惊愕的自然和人文景观，他都一一化至诗中。他胸中又郁结着一段不平奋争的精神和英雄无用武之地的悲凉，因此他的诗，时而怒骂，时而嬉笑，如山洪奔流于峡谷，发出轰雷般的涛声，又如春芽破土，充满蓬勃的生机。有时他的诗像寡妇深夜的哭声那样凄厉，有时又像逆旅行客冒寒启程那样无奈。当情感奔放时，如千里无垠的平原；偶尔幽深险峭，好像鬼魂在秋坟旁独语。文长目空古今千年，卓然独立于时代。当时所谓的达官显贵、文人墨客，文长都怒斥而认为他们有奴性，以与他们结交为耻辱，因此他的声名没有出过江浙一带。真是遗憾啊！

　　……

　　文长喜欢书法，用笔奔放有如他的诗，在苍劲豪迈中另具一种妩媚的姿态跃然纸上。我不擅长书法，但深感文长的书法绝对在王雅宜和文征仲之上。不论书法，而论书中的精神：先生其人，实在是书法八法中的散圣，字书中的侠客。文长以诗、文、书法修养的余绪，还涉笔花鸟竹石之画，也都超逸有情致。

　　　一句话阅读

　　　　　　半生落魄已成翁，独立书斋啸晚风。
　　　　　　笔底明珠无处卖，闲抛闲掷野藤中。

　　　　　　　　　　　　　　　　　　　　——（明）徐渭

瓶史（节选）

袁宏道

蔡世平

推荐缘由

　　《瓶史·好事》是一篇好读的论述文。论述的是人无爱好，则无趣无味的道理，讲培养个人志趣，提升个人品质的重要。文章开门见山，例举数位古之名人的个人爱好是如何成就了自己的事业。然后通过对爱花人行为特征具体而又生动的叙写，论述了爱花人享受爱花过程的种种乐趣。

　　我推荐此文的理由，一方面是想让大家从文中学会如何把文章写得条理清晰、形象有味，另一方面是让大家从文中体悟如何培养个人的爱好，在生活中做一个有趣味的人。

经典原文

嵇康[①]之锻也，武子[②]之马也，陆羽[③]之茶也，米颠[④]之石也，倪云林[⑤]之洁也，皆以癖而寄其磊傀[⑥]俊逸之气者也。余观世上语言无味、面目可憎之人，皆无癖之人耳。若真有所癖，将沉湎酣溺，性命死生以之，何暇及钱奴宦贾之事？古之负花癖者，闻人谈一异花，虽深谷峻岭，不惮蹶躄[⑦]而从之，至于浓寒盛暑，皮肤皴[⑧]鳞，污垢如泥，皆所不知。一花将萼，则移枕携襆[⑨]，睡卧其下，以观花之由微至盛至落至于萎地而后去。或千株万本以穷其变，或单枝数房以极其趣，或嗅叶而知花之大小，或见根而辨色之红白，是之谓真爱花，是之谓真好事也。若夫石公之养花，聊以破闲居孤寂之苦，非真能好之也。夫使其真好之，已为桃花洞口人矣，尚复为人间尘土官哉？

【注释】

①嵇康：三国魏文学家、思想家和音乐家。崇尚老庄，讲求养生服食之道。善打铁。又长于鼓琴，以弹《广陵散》著名，并著有《琴赋》。

②武子：王济，字武子，晋人。杜预谓其有“马癖”。据《马癖记》：王武子好马，非马不行。正旦则折柳金障泥，上元则满月鞯，清明则剪水鞭，重午则笼娇鞍，中秋则玉栊揔络头，重九则蝉儿镫，春秋社则涂金鞍，冬至则嘶风镫，除日则药王鞍，每节则饲马以明沙豆、蔷薇草。

③陆羽：唐朝竟陵（今湖北天门）人。性诙谐，一生闭门著书，不愿为官。一度曾为伶工。陆羽以嗜茶著名，对茶道很有研究，人称“茶神”。撰有《茶经》，也长于诗文。

④米颠：即米芾。北宋书画家。因举止怪异癫狂，人称“米颠”“米痴”“狂生”。又有洁癖。能诗文，擅书画，精鉴别。

⑤倪云林：即倪瓒。元代画家。字元镇，号云林子、幻霞子、荆蛮子等。性好洁而迂腐，人称“倪迂”。擅山水画，兼工书法，善诗。

⑥傀：独立的样子。

⑦蹶：倒，颠仆。躄：瘸腿。

⑧皴：肌肤受冻而坼裂，有皱纹。

⑨襆：包袱。

【译文】

嵇康爱好打铁，王济爱马，陆羽嗜茶，米芾爱石，倪瓒好洁，他们都在自己的爱好中寄托了宏大而独立不羁、闲逸而才智超人的志趣。我看生活中那些语言乏味、面目可憎的人，都是没有癖好、没有情趣的人。人一旦真正有所嗜好，将会沉湎浸溺其中，全身心投入，生死以之，哪里还有余暇去想什么升官发财之事。

古时候爱好花草的人，听说哪里有奇异的花木，哪怕是远在深山峻岭，也会不惜跋山涉水，克服重重困难，前去寻觅。至于隆冬酷暑，皮肤皴裂，污垢如泥，全抛到了脑后。每逢花朵含苞待放之时，必定带着枕头和行装，搬到花下守候，这样就能看到花朵由初绽而盛开而凋零以至于坠地的全过程。那些爱花的人，有的观赏千株万本以穷究其间的变化，有的在单枝数朵中得到无穷乐趣，有的仅凭嗅一下叶片便知花朵的大小，有的看一眼根茎就能分辨出花朵的颜色，这样的人才是真正爱花的人，也是真正有情趣的人。若是论我个人养花的情形，只不过是聊以慰藉闲居时的孤寂之苦，并非真的算得上爱花。假如是真的喜好，早就应该做桃花源的隐士了，哪里还会在俗世做官呢？

一句话阅读

> 　　人无癖，不可与交，以其无深情也；人无疵，不可与交，以其无真气也。
>
> ——（明）张岱

徐霞客游记（节选）

徐霞客

推荐者

俞国林

中华书局文学编辑室主任。主持《全元诗》《孙诒让全集》《皮锡瑞全集》《顾颉刚全集》《容庚学术著作全集》《陈梦家著作集》等项目的编辑出版。撰著《吕留良诗笺释》，整理《吕留良全集》等。

推荐缘由

《徐霞客游记》是中国地理和文学史上一部不可忽视的作品。它一方面"记日按程，凿凿有稽"，对所游历各地的地理地貌、风土人情等作了准确翔实的记录，四库提要称其"洵山经之别乘，而地记之外篇"，是不可多得的科学文献；另一方面又以质朴清新的文笔在明清散文史上占据了重要地位，郑振铎评价其"文笔也清峭出俗，不求工而自工"。该选段是徐弘祖游历嵩山日记中的一段，也是最能体现《徐霞客游记》上述特点的代表选段。从平叙沿途所见到重点描写

"石淙"，繁简得当，层层递进，读来身临其境，山水之美如在眼前，无怪乎钱牧斋在《嘱徐仲昭刻游记书》中要称之为"世间真文字、大文字、奇文字"。

经典原文

二十日　从小径南行二十五里，皆土冈乱垄①。久之，得一溪。渡溪，南行冈脊中，下瞰则石淙在望矣。余入自大梁②，平衍广漠，古称"陆海"，地以得泉为难，泉以得石尤难。近嵩始睹蜿蜒众峰，于是北流有景、须诸溪，南流有颖水，然皆盘伏土碛③中。独登封东南三十里为石淙，乃嵩山东谷之流，将下入于颖。一路陂陀屈曲④，水皆行地中，至此忽逢怒石。石立崇冈山峡间，有当关扼险之势。水沁入胁下，从此水石融和，绮变万端。绕水之两崖，则为鹄立，为雁行；踞中央者，则为饮兕⑤，为卧虎。低则屿，高则台，愈高，则石之去水也愈远，乃又空其中而为窟，为洞。揆⑥崖之隔，以寻⑦尺计，竟水之过，以数丈计。水行其中，石峙于上，为态为色，为肤为骨，备极妍丽。不意黄茅白苇中，顿令人一洗尘目也！

【注释】

①垄：长条形的高地。

②大梁：开封之古称。

③土碛（qì）：沙石积成的浅滩。

④陂陀屈曲：形容地形高低不平、曲折。

⑤饮兕（sì）：饮水的犀牛。兕，古书上所说的雌犀牛。

⑥揆：揣测。

⑦寻：古代的长度单位，七尺或八尺为一寻。

【译文】

二十日　从小路往南走二十五里，沿途都是土冈和不规则的高地。走了很久，才看到一条小溪。渡过溪水，往南从冈梁上行走，往下看则石淙就在眼底。我自从进入开封府，地势平坦舒展，古人称之为"陆海"。平地上难以有泉水，有了泉水又有岩石就更难。走近嵩山，开始看到蜿蜒起伏的众多山峰，北边有景溪、须溪等溪流，南边有颍水，但这些河流都盘绕隐伏在土堆沙滩中。只有登封东南三十里的石淙河，是嵩山东面山谷中的流水，将往下流入颍水。一路上地形高低不平、弯转曲折，水都在地面下流，流到这里忽然遇到形状峥嵘的巨石。巨石突立在高高的山冈和峡谷之间，有一夫当关、扼险制要的气势。水浸泡到巨石胁下，从此水石交融，形态俏丽，变化万端。流水环绕的两岸崖石，像天鹅延颈而立，又像大雁成行而飞；矗立在水中的岩石，则犹如犀牛饮水、猛虎卧伏。低矮的形成小岛，高大的形成平台，岩石越高大，则距离水面越远，却又中空而形成石窟和石洞。估计每块岩石的间隔，要以八尺计算，水流最大时的水面，要以数丈计算。水在山崖中间流淌，岩石耸立于水上，石态水色，如肤如骨，景致极其妍丽。想不到黄茅草、白芦苇之中，竟令人顿时眼目一新。

一句话阅读

溪清白石出，天寒红叶稀。
山路元无雨，空翠湿人衣。

——（唐）王维

增广贤文（节选）

推荐者

张之锋

推荐缘由

《增广贤文》一书由琳琅满目的格言组成，这些格言经过了千锤百炼而脍炙人口。其内容十分广泛，从礼仪道德、典章制度到风物典故、天文地理，几乎无所不含，书中语言对仗工整，读来抑扬顿挫，朗朗上口。过去很多人一生虽然没有机会深造，但对于世故人情非常通达，就是得益于这部深入浅出的小书。今天读来，本书依然有开人智慧的魅力。

经典原文

昔时贤文，诲汝谆谆。

集韵增广，多见多闻。

观今宜鉴古，无古不成今。

知己知彼，将心比心。

酒逢知己饮，诗向会人吟。

相识满天下，知心能几人？

相逢好似初相识，到老终无怨恨心。

近水知鱼性，近山识鸟音。

易涨易退山溪水，易反易复小人心。

读书须用意，一字值千金。

有意栽花花不发，无心插柳柳成荫。

钱财如粪土，仁义值千金。

流水下滩非有意，白云出岫本无心。

当时若不登高望，谁信东流海洋深？

路遥知马力，日久见人心。

两人一般心，无钱堪买金；

一人一般心，有钱难买针。

相见易得好，久住难为人。

是亲不似亲，非亲却似亲。

美不美，故乡水；亲不亲，故乡人。

莺花犹怕春光老，岂可教人枉度春？

相逢不饮空归去，洞口桃花也笑人。

在家不会迎宾客，出门方知少主人。

黄芩无假，阿魏无真①。

客来主不顾，自是无良宾。

良宾方不顾，应恐是痴人。

谁人背后无人说，哪个人前不说人？

闹市挣钱，静处安身。

来如风雨，去似微尘。

长江后浪推前浪，世上新人赶旧人。

近水楼台先得月，向阳花木早逢春。

古人不见今时月，今月曾经照古人。

先到为君，后到为臣。

莫道君行早，更有早行人。

莫信直中直，须防仁不仁。

自恨枝无叶，莫怨太阳偏。

大家都是命，半点不由人。

一年之计在于春，一日之计在于晨。

一家之计在于和，一生之计在于勤。

责人之心责己，恕己之心恕人。

守口如瓶，防意如城。

宁可人负我，切莫我负人。

再三须慎意，第一莫欺心。

【注释】

①黄芩无假，阿魏无真：黄芩和阿魏都是中药材的名字，黄芩遍地都是，非常普遍，所以在药材行里买黄芩不会买到假货。阿魏是治疗风湿性关节炎、胃病的良药，十分难得，故而造假的居多。

【译文】

用以前圣贤们的言论，来谆谆教诲你。

广泛搜集押韵的文字汇编成"增广"，使你见多识广。

应该借鉴古人的经验教训，来指导今天的行为，因为今天是古代的延续。

知道自己怎么想的，也应该知道别人是怎样想的，所以要用自己的心，体谅别人的心，设身处地为别人着想。

酒要和了解自己的人一起喝，诗要与懂得它的人一起吟。认识的人可以很多，但真正了解，并达到知心的却没有几个。

人和人之间的相逢应该总是如同初次见面似的，这样即使到老也不会产生怨恨之心。

住在水边能掌握不同鱼儿的习性，住在山旁则能识别各种鸟儿的声音。

容易涨也容易退的是山间的溪水，反复无常的是小人的心态。

读书须用心，能下苦功夫，才会文辞精妙，一字千金。

有意栽花花不一定开放，无意去插柳柳树却可能长得茂盛。

要把钱财看作粪土一般低贱和微不足道，而仁义道德才价值千金。

流水从滩头泻下来并非有意而为，白云从山峰间飘出来也是出于自然罢了。

若不登高望远，如何能够知道东流的河水最终汇聚成为深邃的大海。

路途遥远才能知道马的力气的大小，事情经历多了才会明了一个人心地的好坏。

两个人一条心，能够得到购买黄金的钱。

每个人都留着一个心眼，连买根针的钱也赚不到。

偶尔在一起容易相处，在一起相处久了，保持好关系就难了。

有些人名义上是亲戚却不像亲戚，有些人虽然不是亲戚却比亲戚还亲近。

不论甜美与否，家乡的水都好喝；不论是不是亲戚，故乡的人都最亲近。

连黄莺和鲜花都害怕春天逝去，怎么可以让人虚度年华呢？

朋友相聚不饮酒，连洞口的桃花也会嘲笑你不懂得人情。

平日在家不招待朋友，出门在外也不会有人招待自己。

黄芩没有假的，阿魏难得真的。

客人来了，主人不去招待，他自己就是个不好的宾客。

好宾客来了都不招待，主人可能是痴人。

有哪个人背后不被别人议论，哪个人在人前不议论他人？

热闹繁华的地方有钱可赚，偏僻幽静的地方宜于安身。

来势像暴风骤雨一样猛烈，退去像微尘飘落一样静悄悄。

长江的后浪推涌着前浪，世上的新人赶超着旧人。

近水的楼台最先看到水中的月亮，向阳的花木光照好，发芽就早。

古代的人看不见今天的月亮，而今天的月亮却曾经照耀过古代的人。

抢先一步就能当上君王，晚来一步只能称作臣子。

别以为你走得早，还有比你走得更早的人。

不要轻信那些所谓特别正直的人，也要防备那些标榜仁义却不仁义的人。

树应该遗憾自己的枝上长不出叶子，不要抱怨太阳偏心眼。

人的一切都是命中注定的，一星半点也由不得自己。

一年的计划应在春天里做好，一天的计划应在黎明时分做好，

一个家庭最宝贵的是和睦，一个人一生要有所成就必须勤劳。

应当拿责备别人的心来责备自己，拿宽恕自己的心去宽恕别人。

要像瓶口那样不轻易开口，要像城防那样时时戒备。

宁愿让别人辜负我，决不让自己辜负别人。

做事要三思而后行，首先不要违背自己的良心。

一句话阅读

聪明睿智而守以愚者，益；博文多记而守以浅者，广。

——（西汉）刘向

明夷待访录·原臣（节选）

黄宗羲

推荐者

白文刚

山西寿阳人，历史学博士。现任中国传媒大学政治传播研究所副所长、副教授，政治学理论政治传播方向硕士生导师，主要从事政治传播研究，尤其致力于对中国历史上政治传播实践与观念的考察。代表性著作有《中国古代政治传播研究》《应变与困境：清末新政时期的意识形态控制》等。

推荐缘由

《原君》《原臣》《原法》是体现黄宗羲《明夷待访录》政治思想的最重要的三篇文章。这里节选的《原臣》篇以对比的笔法深刻指出：君臣与父子关系不同，君臣之间是基于共同治理天下万民的使命而产生联系的。臣之所以为臣，是为万民，不是为君主。正因为如此，如果违背治理之道，即使君主以"形声强我"，臣也没有服从君主的义务。那种时时迎合、服务于君主的嗜欲，或者为了君主之私利而以身相殉的做法，绝非大臣所当为之事。这种观点是对秦汉以来形成的建立在庸俗化"三纲"基础上的、以臣民对君主愚忠为特征的君臣关系的全面批判，也是对儒家君臣关系应然状态的清晰阐述，是我们理解真正儒家政治理念的杰出文本。

经典原文

　　有人焉，视于无形，听于无声，以事其君，可谓之臣乎？曰：否。杀其身以事其君，可谓之臣乎？曰：否。夫视于无形，听于无声，资于事父也；杀其身者，无私之极则①也。而犹不足以当之，则臣道如何而后可？曰：缘夫天下之大，非一人之所能治，而分治之以群工。故我之出而仕也，为天下，非为君也；为万民，非为一姓也。吾以天下万民起见，非其道，即君以形声强我②，未之敢从也，况于无形无声乎！非其道，即立身于其朝，未之敢许也，况于杀其身乎！不然，而以君之一身一姓起见，君有无形无声之嗜欲③，吾从而视之听之，此宦官宫妾之心也；君为己死而为己亡，吾从而死之亡之，此其私昵者之事也。是乃臣不臣④之辨⑤也。

【注释】

　　①极则：最高的准则。

　　②以形声强我：以形象和声音，明确表示出来，勉强我。

　　③嗜欲：嗜好和欲望。

　　④臣不臣：臣和不是臣。

　　⑤辨：区别。

【译文】

　　有这么一个人，哪怕没有明确的表示，也能体察到对方的心意，用这样的方式来侍奉国君，可以称作臣下吗？答：不能。用牺牲自己的生命来为国君服务，可以称作臣下吗？答：不能。没有明确的表示也能体察到对方的心意，那是用来侍奉自己父亲的，愿意牺牲自己的生命，那是没有私心所能达到的最高境界。而即使这样还不能称作臣下，那么为臣之道究竟要怎样才算可以了呢？

答：由于天下太大了，一个人是无法进行治理的，只能由百官们分担着治理。因此，我之所以出来当官，是为了天下，而不是为了国君；是为了万民，而不是为了某一姓之人。我是为天下和万民的缘故才当官的，如果不是为了这个目的，国君即使以明确的方式强迫我，我也不能服从，更何况没有明确表示呢！如果不是为了这个目的，就是在朝为官，我也不会愿意，更何况要牺牲自己生命呢！如果不是这样，而是为国君一个人、一姓人的缘故，国君有没有明确表示出来的嗜好和欲望，我也能揣摩出来并服从它，那只是宦官和宫妃的心态；国君为了他自己而死亡，我也跟着去死亡，那只是与国君私交很好的人的事情。这就是国君的臣下与不是他臣下的区别。

一句话阅读

> 世之君子，惟务致其良知，则自能公是非，同好恶，视人犹己，视国犹家，而以天地万物为一体。求天下无治，不可得矣。
>
> ——（明）王阳明

明夷待访录·原法（节选）

黄宗羲

推荐者

白文刚

推荐缘由

著名政治思想史家萧公权先生曾依据立法目的的差异，说明中国古代法家之法与现代法律的精神截然相反，认为古代法家之法实质上是君主专制的工具。不过这并非新见，早在三百多年前，生活于明末清初的黄宗羲就在《原法》篇中，根据所谓三代立法为公的精神，对后世之法进行了类似的批评，直斥三代以后的法是服务于君主统治的一家之法，非天下之法，因此不能治理，只能招乱。并在此基础上，一反一般儒家"有治人无治法"的思想，提出"有治法而后有治人"的政治理念。论者多因黄宗羲这些论述而将其归为中国早期民主启蒙思想家，不过把其视为先秦儒家真精神的捍卫者可能更符合历史事实。

经典原文

三代①以上有法，三代以下无法。何以言之？二帝、三王知天下之不可无养也，为之授田以耕之；知天下之不可无衣也，为之授地以桑麻之；知天下之不可无教也，为之学校以兴之；为之婚姻之礼以防其淫；为之卒乘②之赋以防其乱。此三代以上之法也，固未尝为一己而立也。后之人主，既得天下，唯恐其祚命之不长也，子孙之不能保有也，思患于未然以为之法。然则其所谓法者，一家之法而非天下之法也。是故秦变封建而为郡县，以郡县得私于我也；汉建庶孽③，以其可以藩屏于我也；宋解方镇之兵，以方镇之不利于我也。此其法何曾有一毫为天下之心哉，而亦可谓之法乎？

三代之法，藏天下于天下者也，山泽之利不必其尽取，刑赏之权不疑其旁落，贵不在朝廷也，贱不在草莽也。在后世方议其法之疏，而天下之人不见上之可欲，不见下之可恶，法愈疏而乱愈不作，所谓无法之法也。后世之法，藏天下于筐箧④者也，利不欲其遗于下，福必欲其敛于上。用一人焉则疑其自私，而又用一人以制其私；行一事焉则虑其可欺，而又设一事以防其欺。天下之人共知其筐箧之所在，吾亦鰓鰓然⑤曰唯筐箧之是虞⑥，故其法不得不密，法愈密而天下之乱即生于法之中，所谓非法之法也。

【注释】

①三代：指夏、商、周三个朝代。

②卒乘：士兵与战车，泛指军队。

③庶孽：妃妾所生之子。汉建庶孽指汉高祖分封了众多子嗣作为藩王的统治制度。

④箧：箱子类的器具。

⑤鰓鰓然：恐惧的样子。鰓，同"葸"，害怕。

⑥虞：忧虑。

【译文】

三代以上有法度可言，三代以下没有法度可言。为什么这样说呢？二帝、三王知道天下百姓要自己养活自己，于是授田土给他们耕种；知道天下百姓不可以没有衣服穿，于是分土地给他们播种桑麻；知道天下百姓不可以不进行教化，于是设置了学校，对他们予以教育；又制定了婚姻之礼，以防止淫乱之事发生；又规定了兵役赋税，以防止动乱发生。这是三代以上的法度，很明显，它不是为了一己之私而设定的。后世之君主，得到天下之后，唯恐其帝王之位不长久，唯恐子孙后代不能保有君位，思虑及此，而制定了法律。但是他们所制定的法律只是君主一家一姓之法，而不是从百姓利益出发的天下之法。所以，秦朝把分封建国制改为郡县制，因为郡县属于君主私人所有；汉代实行庶孽制，是因为庶孽可以保障君主的安全；宋代解除方镇之兵，是因为方镇不利于君主，这些法度的确立何尝有一丝一毫的心是为百姓着想。这种法还能称之为法吗？

三代之法是真正为百姓着想而设立的法度：山川河泽之利益不必完全攫取。刑狱赏罚的权力也不用怀疑会旁落于人；不以身在朝廷而为贵，也不以身处乡野而为贱。及至后世，有人议论三代之法有疏漏之处，但是当时的人们却没有看到君主有所欲望，也没有见到百姓有可恶之处，法度越疏松而越没有动乱发生，这就是所谓的无法之法。后世之法是把天下之利尽归于一己之私囊，法度对于百姓没有丝毫利益可取，而所有福分之事恨不得尽归君主一人。君主任用了一个人就怀疑其自私，于是又用一人以监督其私心；用人做一件事就担心其会欺骗人，于是又设置一事以防其欺骗。天下之人都知道君主私利之所在，君主也日夜担心其私利受损，于是制定出的法令不得不严密，然而，法度越严密，天下之乱作越多，这就是所谓的非法之法。

一句话阅读

先生事业不可量，惟用法律自绳己。

——（唐）韩愈

明儒学案（节选）

黄宗羲

黄宗羲

推荐者

赵法生

推荐缘由

《明儒学案》是明末清初思想家黄宗羲所撰的一部系统总结和记述明代传统学术思想发展演变及其流派的学术史著作。

黄宗羲在《明儒学案发凡》中提出，研究学问，重在会其宗旨，否则就是"无头绪之乱丝"。一种自成体系的学问，必然有其核心思想，各个组成部分都是围绕此一核心而展开，为说明论证此核心而设计，所以，只有把握核心思想，才算是把握住了关键，由约而博，明体达用。讲学也是如此，只有抓住了宗旨，纲举目张，使学者得其要领。

黄宗羲还提出，"学问之道，以各人自用得着者为真"，不同的人视角不同，所见也各有千秋，善为学者，在于博采众长，融会贯通，自成一家之言。这的确是做大学问的不二法门。

经典原文

大凡学①有宗旨，是其人之得力②处，亦是学者之入门处。天下之义理无穷，苟非定以一二字，如何约③之使其在我？故讲学④而无宗旨，即有嘉言，是无头绪之乱丝也。学者⑤而不能得其人之宗旨，即读其书，亦犹张骞初至大夏，不能得月氏要领也。是编分别宗旨，如灯取影，杜牧之曰："丸之走盘，横斜圆直，不可尽知。其必可知者，是知丸不能出于盘也。"夫宗旨亦若是而已矣。

……

学问之道⑥，以各人自用得着者为真。凡倚门傍户，依样葫芦者，非流俗之士，则经生之业⑦也。此编所列，有一偏之见，有相反之论，学者于其不同处，正宜着眼理会，所谓一本而万殊也。以水济水，岂是学问！

【注释】

①学：学说。

②得力：独树一帜。

③约：统括。

④讲学：宣讲个人学说。

⑤学者：研习者。

⑥道：原则。

⑦经生之业：抄缮经书的行业。

【译文】

大凡学说都有其宗旨，这是学者独树一帜的地方，也是研习者得学问之门径处。世界上的道理无穷无尽。如果不用一两个基本概念来限定，怎么能统括那些无穷的道理而使它掌握在我手中！所以宣讲个人学说却无宗旨，即使具有独到见解，也是一团没有头绪的乱丝呀。研习者不能抓住这些人学说的宗旨，即使阅读他的著作，也像张骞首次来到大夏，摸不清月氏对西汉的真实意图。我这部《明儒学案》，区分各家学说的宗旨，像拿灯照影一样。杜牧曾说过：弹丸在方盘中滚动，横着滚、斜着滚、转着滚、直着滚，滚到哪里停住了，不能全部猜得到，但肯定可以知道的是，弹丸不能滚到方盘外面去。宗旨大概也像这样罢了。

……

做学问的原则是：以各个人独立探讨确有所得为真学问。凡属依傍或因袭他人，照样子画葫芦的，不是随大流的书呆子，就是抄缮经书的行业。我这部《明儒学案》所编列的，既有志向极端化的独立见解，也有完全相反的观点。研习者对于他们的不同之处，正应当注意加以理会，所谓本原相同而分支各异呀！用水知水，哪里算得上是学问？

一句话阅读

> 看文字须大段精彩看，耸起精神，竖起筋骨，不要困，如有刀剑在后一般。就一段中须要透，击其首则尾应，击其尾则首应，方始是。不可按册子便在，掩了册子便忘。
>
> ——（南宋）朱熹

与友人论学书

顾炎武

罗安宪

中国人民大学哲学院教授、博士生导师，哲学院副院长，中国人民大学孔子研究院秘书长。研究方向为中国哲学史、道家哲学、魏晋玄学等。代表作有《虚静与逍遥——道家心性论研究》《老庄哲学精神》《审美现象学》等。

推荐缘由

　　顾炎武有感于百余年来之为学，往往只言心性，而不解心性之原与心性之本，因之不免流于空疏。学习的过程本来是一个下学而上达的过程，是立下志向做圣贤之人的过程。圣人之道如何？顾炎武指出无外两个方面，一是"博学于文"，一是"行己有耻"。"博学"首先要好学、好古；"有耻"则是要立志高远。士而不先言耻，则为无本之人；非好古而多闻，则为空虚之学。其所言不仅针对时弊，而且对后世也具有普遍意义。

经典原文

比往来南北①，颇承友朋推一日之长，问道于盲②。窃叹夫百余年以来之为学者③，往往言心言性，而茫乎不得其解也。

命与仁，夫子之所罕言也；性与天道，子贡之所未得闻也。性命之理，著之《易传》，未尝数以语人。其答问士也，则曰："行己有耻④"；其为学，则曰："好古敏求⑤"；其与门弟子言，举尧舜相传所谓危微精一⑥之说，一切不道，而但曰："允执其中，四海困穷，天禄永终⑦。"呜呼！圣人之所以为学者，何其平易而可循也！故曰："下学而上达⑧。"颜子之几乎⑨圣也，犹曰："博我以文⑩。"其告哀公也，明善⑪之功，先之以博学。自曾子而下，笃实⑫无若子夏，而其言仁也，则曰："博学而笃志，切问而近思⑬。"今之君子则不然，聚宾客门人之学者数十百人，"譬诸草木，区以别矣"，而一皆与之言心言性，舍多学而识⑭，以求一贯之方⑮，置四海之困穷不言，而终日讲危微精一之说，是必其道之高于夫子，而其门弟子之贤于子贡，跳东鲁⑯而直接二帝之心传⑰者也。我弗敢知也。

《孟子》一书，言心言性，亦谆谆⑱矣，乃至万章、公孙丑、陈代、陈臻、周霄、彭更⑲之所问，与孟子之所答者，常在乎出处、去就、辞受、取与⑳之间。以伊尹之元圣，尧舜其君其民之盛德大功㉑，而其本乃在乎千驷一介㉒之不视不取。伯夷、伊尹之不同于孔子也，而其同者，则以"行一不义，杀一不辜，而得天下不为"㉓。是故性也，命也，天也，夫子之所罕言，而今之君子之所恒言也；出处、去就、辞受、取与之辨，孔子、孟子之所恒言，而今之君子所罕言也。谓忠与清之未至于仁㉔，而不知不忠与清而可以言仁者，未之有也；谓不伎不求㉕之不足以尽道，而不知终身于伎且求而可以言道者，未之有也。我弗敢知也。

愚所谓圣人之道者如之何？曰："博学于文"，曰："行己有耻"。自一身以至于天下国家，皆学之事也；自子臣弟友以出入、往来、辞受、取与之间，皆有耻之事也。耻之于人大矣！不耻恶衣恶食㉖，而耻匹夫匹妇之不被其泽㉗，故曰："万物皆备于我矣，反身而诚㉘。"

　　呜呼！士而不先言耻，则为无本之人；非好古而多闻，则为空虚之学。以无本之人，而讲空虚之学，吾见其日从事于圣人而去之弥远也。虽然，非愚之所敢言也，且以区区之见，私诸同志，而求起予㉙。

【注释】

　　①比：近来。往来南北：清兵南下时，顾炎武在苏州，抗清失败后，往来于山东、河北、山西、陕西一带。晚年定居陕西华阴。

　　②问道于盲：向盲人问路。此处作者自谦，言自己无知，不能指教别人。

　　③为学者：指明代王阳明之后的一些理学家。

　　④行己有耻：子贡向孔子请教怎样才能谓之"士"，孔子回答说首先是要做到一己的立身行事，要知道羞耻。

　　⑤好古敏求：出自《论语·述而》："子曰：'我非生而知之者，好古敏以求之者也。'"敏，勤勉。

　　⑥危微精一：《古文尚书·大禹谟》中"人心惟危，道心惟微，惟精惟一，允执厥中"的简称。宋儒把它当作十六字心传，看成尧、舜、禹心心相传的个人修养和治理国家的原则。这十六字的大意是说，人心危险不可测，道心微妙不可言，只有审查二者的区别，并使道心支配人心，才能合乎中庸的要求。

　　⑦"允执其中"三句：见《论语·尧曰》。这几句强调的是人事，而不是天命。意思是说，为政之道，在于确守不偏不倚的准则，否则国人就会因为政治的混乱而困穷，执政者的命运也将同时告终。

　　⑧下学而上达：语见《论语·宪问》："不怨天，不尤人，下学而上达。"意指下学人事，便是上达天理。这里指从小处做起达到高深的地步。

　　⑨几乎：将近。

　　⑩博我以文：语见《论语·子罕》："颜渊喟然叹曰：'……夫子循循然善诱人，博我以文，约我以礼，欲罢不能。'"博，广博，这里用作动词，指开扩。文，文章，诗书礼乐皆是。

⑪明善：辨明善恶。《礼记·中庸》记载鲁哀公问政，子曰："诚身有道，不明乎善，不诚乎身矣。"又谈到明善时说："博学之，审问之，慎思之，明辨之，笃行之。"所说五点，把博学放在首位。

⑫笃实：指学问的深厚扎实。

⑬博学而志笃，切问而近思：语见《论语·子张》："子夏曰：'博学而笃志，切问而近思，仁在其中矣。'"

⑭舍学而多识：出自《论语·卫灵公》："子曰：'赐也，女以予为多学而识之者与？'对曰：'然，非与？'曰：'非也，予一以贯之。'"识，同"志"，记。作者认为首先要"多学而知"，然后才能像孔子那样"一以贯之"。

⑮一贯之方：用一种原理贯穿所学的东西。

⑯祧（tiāo）：远祖之庙，这里作超越讲。东鲁：借指孔子。

⑰二帝：指尧舜。心传：心法的传授，指上文"危微精一"之说。

⑱谆谆：教诲不倦貌。

⑲"乃至万章"句：万章，孟子弟子。《孟子·万章》中记其与孟子问答颇多。公孙丑，孟子弟子，《公孙丑》篇中曾记孟子回答他有关孔子的处世态度。陈代，孟子弟子，《滕文公》篇记他曾欲孟子往见诸侯，孟子以孔子非礼招己则不往回答他。陈臻，孟子弟子，《公孙丑》篇记其曾问孟子何以接受宋、薛两国馈金而不受齐王馈金，孟子答以"君子不可以货取"。周霄，魏国人，《滕文公》篇记其曾问孟子仕进的方法，孟子答以仕不由道，譬如女子私奔，将为父母国人所贱视。彭更，孟子弟子，《滕文公》篇曾记其问："后车数十乘，从者数百人，以传食于诸侯，不以泰（即'太'，过甚）乎？"孟子答以："非其道，则一箪食不可受于人；如其道，则舜受尧之天下，不以为泰。"

⑳出处：出仕和隐居。去就：去职和就官。辞：不受。与：给予。

㉑"伊尹"句：是说伊尹建立了使他的君主如同尧舜，使他的人民如同尧舜之民那样盛大的功德。伊尹，商汤时大臣，辅佐汤攻灭夏桀。元，大。

㉒驷：古代一车套四马，称为一乘。介：同"芥"。

㉓"伯夷、伊尹"五句：语见《孟子·公孙丑上》。其说不同："非其君不事，非其民不使；治则进，乱则退，伯夷也。何事非君，何使非民；治亦进，乱亦进，

伊尹也。可以仕则仕，可以止则止，可以久则久，可以速则速，孔子也。"其说同："得百里之地而君之，皆能以朝诸侯，有天下；行一不义，杀一不辜，而得天下，皆不为也。"

㉔ "谓忠与清"句：孔子认为令尹子文做官不计较升沉得失，算是"忠"了，陈文子不居乱邦，算是"清"了，但都还不是"仁"。忠，忠君。清，谓洁身自好。

㉕ "谓不忮（zhì）"句：语见《论语·子罕》："子曰：'不忮不求，何用不臧？'子路终身诵之。子曰：'是道也，何足以臧！'"其中"不忮不求"两句是《诗经·邶风·雄雉》中的诗句。忮，嫉妒。求，贪求。

㉖不耻恶衣恶食：语见《论语·里仁》："士志于道，而耻恶衣恶食者，未足与议也。"恶，不好的。耻，以……为耻。即不以贫贱为耻。

㉗ "而耻"句：语见《孟子·万章上》："（伊尹）思天下之民，匹夫匹妇，有不被尧舜之泽者，若己推而内（纳）之沟中。"匹夫匹妇，指庶民男女。被，受到。泽，恩惠。

㉘ "万物"两句：语见《孟子·尽心上》："万物皆备于我矣，反身而诚，乐莫大焉。"反身，反躬自问。诚，无愧，即"行己有耻"。

㉙起予：语见《论语·八佾》："子曰：'起予者商也。'"即启发我。

【译文】

近年来往于南方北方，因我年龄稍大一点很受朋友们推尊，向我来询问问题，算是问道于盲吧。我私下感叹一百多年以来治学的人往往说心说性（这些抽象的概念）可是迷迷茫茫弄不明白。

命与仁这两者，孔子很少提到；性与天道的道理连子贡也没听到过。讲性和命的道理，是写在《易传》中的，不曾对别人多次讲过。别人问什么样的人是士，孔子的回答是："自己行事要知道什么是耻辱。"孔子谈自己治学的经验，他说："喜好古代的文化，勤奋地探索真理。"孔子与他门下的弟子谈话，所有那些所谓相传尧舜的"危微精一"的说法，全都不提，而只是说："不偏不倚地执政，如果四海穷困，上天给你的福佑永远完结了。"可叹啊！圣人要我们学习的东西是多么平易而可以遵循呀。所以说："从浅近的地方学起而达到高深的水平。"颜渊是几乎达到了圣人标准的人，可他还说"给我更多的文化知识让我更渊博"。孔子告诉鲁哀公说，明晓善恶的能力，首先的条件是博学。从曾子往下数，孔子的弟子们论学问深厚扎实没有比得上子夏的，可是子夏谈到"仁"时候，却这样解释："要广博地学习，有坚定的志向，提出的问题是切实的，思考的问题是切近的。"现在的君子们却不这样，他们积聚了宾客门人求学的多到几百人，每个人的情况都不相同，应该像《论语》里说的，"就像草木一样种类繁多，应该加以区分"。可是他们却不分差别一概只是谈心谈性。丢弃了"多学而增长见闻"，来奢求"一以贯之"的方法；抛开了天下的穷困不谈，而整天讲所谓"危微精一"的空说，这一定是他的道要高于孔夫子，而他的门人弟子一定是要比子贡贤德了，他们是跳过孔子而直接得尧舜二帝的心传了。我对他们的做法是不敢领教的。

　　《孟子》这部书，反复恳切地讲心性。可是万章、公孙丑、陈代、陈臻、周霄、彭更所问的问题和孟子所作的回答，常常在于出仕与隐居、离职与就职、拒绝与接受、取得与付出的关系方面。以伊尹那样的大圣人，建立了使他的君主如同尧舜，使他的人民如同尧舜之民那样盛大的功德，可是他的最根本的地方却是在于千驷不顾，一芥不予，一芥不取，这样小而具体的地方。伯夷、伊尹的特点不同于孔子，但他们有与孔子相同的地方，那就是"做一件不义的事，杀一个没有罪的人，就能得到天下，他们也不去做"。因此性呀、命呀、天呀，孔子提到的非常少，而今天的君子们却说个不停；出仕与隐居、离职与就职、拒绝与接受、取得与付出之间的道理，是孔子孟子所常说的，而今天的君子们却说得很少了。他们用《论语》里的话说，忠于职责和品德清高还不能达到仁的境界，可是他们不知道不忠于职责，品德不清高而能谈到仁的，从来也没有过。他们用《论语》里的话说，不嫉妒不贪求还不算达到仁，可是他们不知道一辈子嫉妒贪求的人而能跟他谈论道义，从来是没有的。我是不明白他们的说法的。

　　我所说的圣人之道是怎样的呢？叫作"博学于文"，叫作"行己有耻"。从自己的个人的事，到天下国家的事，都是该学习的事情。从做儿子臣子、兄弟朋友以至处理隐居出仕、人事交往、拒绝与接受、取得与付出等事情中间，都有是否耻辱可以检验的。孟子说"耻辱之感对于人来说是极其重要的"，不以粗衣劣食为耻辱，而以百姓男女没有受到恩泽为耻辱。所以孟子说："一切我都具备了，反躬自问而没有愧疚。"

啊！士人不把有耻辱放在首位，就是没有根基的人。不喜好古代文化而广泛学习，就是空虚的学问。靠没有根基的人来讲空虚的学问，我只能看到他们天天提到圣人，可是却离开圣人越来越远了。虽然说了这些话，并不是我大胆敢言，而是姑且以渺小的见解，说给志同道合的朋友而求教他们能给我启发和指点。

一句话阅读

> 君子之为学，以明道也，以救世也。
>
> ——（明）顾炎武

日知录（节选）
顾炎武

推荐者

罗安宪

推荐缘由

在顾炎武看来，文章之根本在于明道。纪政事、察民隐、乐道人之善。如此之文，多多益善。如若只言及怪诞、乱神、无稽之事，以抄袭为能，以阿谀献媚为文，则不仅无益，亦且有害。进而，著书立说，是要成一家之言。所以，理论之新颖独特，成一家之言是其关键，而不是沿袭他人之旧说，更不可将著书当成追求名声的工具。文人学者应以识经术、通古今为根本，而不能以卖弄文字，华而不实为能事。顾炎武所倡导的是一种实事求是的精神，是一种精诚务实的精神，故其学也被称为"实学"。

经典原文

文须有益于天下

文之不可绝①于天地者，曰明道②也，纪③政事也，察民隐④也，乐道人之善⑤也。若此者，有益于天下，有益于将来。多一篇，多一篇之益矣。若夫怪力乱神⑥之事，无稽之言⑦，剿袭⑧之说，谀佞文⑨，若此者，有损于己，无益于人，多一篇，多一篇之损矣。

【注释】

①绝：断绝。

②明道：阐明道理。

③纪：记载，通"记"。

④隐：穷困。

⑤善：善行。形容词作名词。

⑥怪力乱神：见《论语·述而》："子不语怪、力、乱、神。"怪，怪异之事。力，逞勇使力之事。乱，悖乱人伦道德之事。神，鬼神之事。

⑦无稽之言：指清谈之类，尤其指当时清谈的新潮流心性之学。稽，考核，计数。

⑧剿（chāo）袭：剿窃人言以为己说。剿，同"抄"。

⑨谀佞文：是指多溢美之词的书序铭状等应酬文字。谀佞，奉承，献媚，花言巧语。

【译文】

文章不能在天地之间断绝，是因为它可以阐明道理、记述政事、体察百姓困苦、乐于称道别人的善行啊。像这样，有益于天下，有益于将来。多一篇，就多一篇的好处啊。如果涉及那些怪异、斗狠、悖乱、鬼神之事，写无从查考的话，抄袭别人的观点，作奉承谄媚的文字，像这样，对自己有害，对别人无益，多一篇，就多一篇的祸害啊。

著书之难

子书①自《孟》《荀》之外，如《老》《庄》《管》《商》《申》《韩》②，皆自成一家言。至《吕氏春秋》《淮南子》，则不能自成，故取诸子之言，汇而为书，此子书之一变也。今人书集，一一尽出其手，必不能多，大抵如《吕览》《淮南》之类耳。其必古人之所未及就，后世之所不可无，而后为之，庶乎其传也与③？宋人书如司马温公④《资治通鉴》、马贵与⑤《文献通考》，皆以一生精力成之，遂为后世不可无之书；而其中小有舛漏⑥，尚⑦亦不免。若后人之书，愈多而愈舛漏，愈速而愈不传。所以然者，其视成书太易，而急于求名故也。

【注释】

①子书：指四部分类中的子部书。经、史、子、集，为四部分类。

②《老》《庄》《管》《商》《申》《韩》：分别指《老子》《庄子》《管子》《商君书》《申子》《韩非子》。《管子》是战国时期各学派的论文汇集，内容庞杂，相传为春秋时期齐国管仲所著，今本《管子》由西汉刘向编定，现存76篇。《商君书》是商鞅及其后学的言论著作集，共26篇（其中两篇无文，实存24篇）。《申子》是战国时期法家、郑国人申不害的著作，原书已经失传。《韩非子》为战国时期韩国人韩非的著作，为先秦法家的重要著作，共55篇。

③庶乎其传也与：或许才能流传下来吧？

④司马温公：司马光死后被追封为温国公，所以世称司马温公。

⑤马贵与：即南宋史学家马端临（1254—1323），字贵与，著有《文献通考》。《文献通考》是从上古到北宋宁宗时期的典章制度通史，共384卷。

⑥舛（chuǎn）漏：差错和遗漏。

⑦尚：还是。

【译文】

子书除《孟子》《荀子》以外，像《老子》《庄子》《管子》《商君书》《申子》

《韩非子》，都自成一家之言。至于《吕氏春秋》《淮南子》，则不能自成体系了，所以选取诸子的言论，汇集成书，这是子书的一大变化啊。今人的作品，观点都出于自己之手，必然不是很多，大抵是像《吕氏春秋》《淮南子》之类汇编而成的。若一定是古人未触及的，后代不可缺少的，然后才著述，也许才能流传下来吧？宋朝人的著作如司马光的《资治通鉴》、马端临的《文献通考》，都是用一生精力完成的，才成为后世不可或缺的书。然而这些书中小的差错和遗漏，还是不能避免。像后人的书，越多错漏就越多，著述越快就越不能流传。之所以这样，是因为他们把写书看得太容易，而急于追求声名的缘故啊。

文人之多

　　唐、宋以下，何文人之多也！固有不识经术①，不通古今，而自命为文人者矣。韩文公②《符读书城南》诗曰："文章岂不贵，经训③乃菑畬④，潢潦⑤无根源，朝满夕已除。人不通古今，马牛而襟裾⑥。行身陷不义⑦，况望多名誉。"而宋刘挚之训子孙，每曰："士当以器识⑧为先，一号为文人，无足观矣。"然则以文人名于世，焉足重哉⑨！此扬子云⑩所谓"撫我华而不实我实⑪"者也。黄鲁直⑫言："数十年来，先生君子但用文章提奖⑬后生，故华而不实。"本朝嘉靖以来，亦有此风。而陆文裕⑭所记刘文靖告吉士之言，空同⑮大以为不平矣。

　　《宋史》言："欧阳永叔⑯与学者言，未尝及文章，惟谈吏事，谓文章止于润身⑰，政事可以及物⑱。"

【注释】

　　①经术：经学。

　　②韩文公：即韩愈，谥号"文"。

　　③经训：经籍义理的解说。

　　④菑畬（zī shē）：本义为耕耘。耕耘为民生之本，常被用来比喻事物的根本。

　　⑤潢潦（huáng lǎo）：地上流淌的雨水。

⑥马牛而襟裾：穿衣服的牛马，此处讥人不明道理、不识礼仪。

⑦行身陷不义：在安身立命上陷于困境。

⑧器识：器量与见识。

⑨焉足重哉：哪里值得称道呢？

⑩扬子云：即西汉文学家杨雄（也作"扬雄"），字子云。

⑪摭（zhí）我华而不实我实：拾取我的文辞而不研究我的义理。

⑫黄鲁直：即北宋文学家黄庭坚，字鲁直。

⑬提奖：提拔奖励。

⑭陆文裕：即陆深（1477—1544），字子渊，号俨山，卒谥文裕，上海人，明代著名藏书家，官至詹室府詹士。

⑮空同：即李梦阳（1473—1530），字天赐，又字献吉，号空同子，庆阳（今属甘肃）人。

⑯欧阳永叔：即欧阳修，字永叔。

⑰润身：使自身受益。

⑱及物：意思是恩及万物。

【译文】

唐、宋以后，文人何其多啊！固然有不懂经学，不通古今，而自以为是文人的啊。韩愈《符读书城南》有诗句说："文章谁说不贵重，解说经义是根本。雨水横流无根源，早晨满地夕已尽。为人不通古与今，如同马牛披衣襟。行事立身陷不义，何能希望多名誉。"而宋朝的刘挚训诫子孙，常说："读书人应当以器量见识为先，一旦有了'文人'的称号，这个人就没有值得称赏的地方了。"如此来看，以"文人"身份在世上出名，哪里值得称道呢！这就是扬雄所说的"拾取我的文辞而不研究我的义理"啊。黄庭坚说："几十年来，先生君子只是用文章提拔奖掖后学，所以华而不实。"本朝嘉靖年间以来，也有这样的风气。而陆深记载的刘健告诫庶吉士们的话，李梦阳对此大为不平。

《宋史》说，欧阳修与学人晤谈，不曾涉及文章，只是谈吏政，认为文章只能滋润身心，政事却可以惠及百姓。

一句话阅读

无欲速，无见小利。欲速则不达，见小利则大事不成。

——《论语》

习惯说

刘　蓉

推荐者

施克灿

教育学博士，现任北京师范大学教育历史与文化研究院教授、院长，博士生导师，兼任中国高教学会师范教育分会副秘书长、中华炎黄文化研究会童蒙文化专业委员会副秘书长。主要从事中国教育史的教学与科研工作，著有《中国教育制度通史》《中国教育思想史》《简明中国教育史》《时代使命——北京师范大学与中国教师教育改革》等，发表专业论文20余篇，参著《中国教育制度通史》获新闻出版署第五届国家图书奖、第二届全国教育图书一等奖、第四届吴玉章人文社会科学一等奖。

推荐缘由

刘蓉在《习惯说》中通过生活中的一件小事，悟出了"君子之学，贵于慎始"的道理。无论是求学还是修德，都应慎重地对待起始阶段的习惯养成。少成若天性，习惯成自然，无论是良好的习惯，还是陋习，一旦养成，往往会成为一种依赖与力量，不易改变，童蒙时期的习惯养成，更为重要，甚至会影响其一生的道路或者成就。

《习惯说》曾入选民国时期初中《国文》教科书，语言浅显，夹叙夹议，以小见大，既有故事性，又可以引发读者的深思。现在倡导读经，便是希望儿童在人生的起步阶段，与先哲同行，与经典为伍，受其熏陶感染，为人生打下良好的精神底子。

经典原文

蓉少时，读书养晦堂①之西偏一室，俯而读，仰而思，思有弗得②辄起，绕室以旋。室有洼，径尺③，浸淫日广④。每履之，足若踬焉。既久，而遂安之。

一日，先君子⑤来室中坐，语之，顾而笑曰："一室之不治，何以天下家国为？"顾谓童子取土平之。

后蓉复履其地，蹶然⑥以惊，如土忽隆起者。俯视，地坦然，则既平矣。已而复然，又久而后安之。

噫！习之中人⑦甚矣哉！足之履平地，而不与洼适也；及其久，则洼者若平；至使久而即乎其故，则反窒焉⑧而不宁。故君子之学，贵乎慎始。

【注释】

①养晦堂：刘蓉居室名，在湖南湘乡市。

②弗得：没有心得。

③径尺：直径一尺。

④浸（qīn）淫日广：日渐向外扩展。

⑤先君子：自称死去的父亲。先，称已亡故的前辈时使用的尊称。

⑥蹶（jué）然：猛然。

⑦中人：适合于人，这里是影响人的意思。中，深入影响。

⑧窒焉：受阻碍的样子。窒，阻碍。

【译文】

　　我（刘蓉）年少时在养晦堂西侧一间屋子里读书。（我）低下头就读书，遇到不懂地方就仰头思索，想不出答案便在屋内踱来踱去。这屋有处洼坑，直径一尺，逐渐侵蚀扩展。每次经过，我总要被绊一下。起初，我感到很别扭，时间一长也习惯了，再走那里就同走平地一样安稳。

　　一天，父亲来到屋子里，发现这屋地面的洼坑，笑着对我说："你连一间屋子都不能治理，凭借什么治理国家呢？"随后叫童仆将洼坑填平。

　　父亲走后，我读书思索问题又在屋里踱起步来，走到原来洼坑处，感觉地面突然凸起一块，心里一惊，低头看，地面却是平平整整，我别扭地走了许多天才渐渐习惯起来。

　　唉！习惯对人的影响，是非常厉害的啊！脚踏在平地上，便不能适应坑洼；时间久了，洼地就仿佛平了；以至把长久以来的坑填平，恢复原来的状态，却认为是阻碍而不能适应。因此君子求学，贵在慎重地对待开始阶段的习惯养成。

一句话阅读

　　居处恭，执事敬，与人忠，此是彻上彻下语，圣人元无二语。

——（北宋）程颢

癸未去金陵与阮光禄书

侯方域

段启明

作者侯方域（1618—1655），字朝宗，河南商丘人。明末清初著名诗人、散文家，有《四忆堂诗集》《壮悔堂文集》。二十二岁时，至南京应试，结交复社人士，抨击阮大铖、马士英等。后被迫离南京（即"去金陵"）。入清，应乡试中副榜。

本文以书信文体对阮大铖直陈正告，有如面斥。以一系列事实，揭露阮大铖阉党余孽的身世，伪善的人格，忮机的本性。全文既义正词严，又峭拔凛冽，如反复以"执事当自追忆其故，不必仆言之也"的文句，予以辛辣的讽刺。

全文正邪泾渭分明，赞美正义，鞭挞邪恶，酣畅淋漓，是明清散文中的优秀作品。故予以推荐。

经典原文

　　仆窃闻君子处己，不欲自恕而苛责他人以非其道。今执事①之于仆，乃有不然者，愿为执事陈之。

　　执事，仆之父行②也。神宗③之末，与大人④同朝，相得甚欢。其后乃有欲终事执事而不能者，执事当自追忆其故，不必仆言之也。大人削官归⑤，仆时方少，每侍，未尝不念执事之才，而嗟惜者弥日。及仆稍长，知读书，求友金陵，将戒途⑥，而大人送之曰："金陵有御史成公勇者⑦，虽于我为后进，我常心重之。汝至，当以为师。又有老友方公孔炤⑧，汝当持刺⑨拜于床下。"语不及执事。及至金陵，则成公已得罪去⑩，仅见方公，而其子以智⑪者，仆之夙交也，以此晨夕过从。执事与方公，同为父行，理当谒。然而不敢者，执事当自追忆其故，不必仆言之也。今执事乃责仆与方公厚，而与执事薄。噫，亦过矣。

　　忽一日，有王将军过仆甚恭。每一至，必邀仆为诗歌，既得之，必喜。而为仆贳酒奏伎⑫，招游舫，携山屐，殷殷积旬不倦。仆初不解，既而疑，以问将军。将军乃屏人以告仆曰："是皆阮光禄⑬所愿纳交于君者也，光禄方为诸君所诟，愿更以道之君之友陈君定生、吴君次尾⑭，庶稍湔⑮乎。"仆敛容谢之曰："光禄身为贵卿，又不少佳宾客，足自娱，安用此二三书生为哉。仆道之两君，必重为两君所绝。若仆独私从光禄游，又窃恐无益光禄。辱⑯相款八日，意良厚，然不得不绝矣。"凡此皆仆平心称量，自以为未甚太过，而执事顾⑰含怒不已，仆诚无所逃罪矣。昨夜方寝，而杨令君文骢⑱叩门过仆曰："左将军⑲兵且来，都人汹汹，阮光禄扬言于清议堂⑳，云子与有旧㉑，且应之于内，子盍㉒行乎。"仆乃知执事不独见怒，而且恨之，欲置之族灭而后快也。仆与左诚有旧，亦已奉熊尚书㉓之教，驰书止之，其心事尚不可知。若其犯顺，则贼也；仆诚应之于内，亦贼也。士君子稍知礼义，何至甘心作贼。万一有焉，此必日暮途穷，倒行而逆施㉔，若昔日干儿义孙之徒㉕，计无复之，容出于此。而仆岂其人耶！何执事文织㉖之深也。

　　窃怪执事常愿下交天下士，而展转蹉跎，乃至嫁祸而灭人之族，亦甚违其本念。倘一旦追忆天下士所以相远之故，未必不悔，悔未必不改。果悔且改，静待之数年，心事未必不暴白。心事果暴白，天下士未必不接踵而至执事之门。仆果见天下士接踵而至执事之门，亦必且随属其后，长揖谢过，岂为晚乎？而奈何阴毒左计㉗一至于此！

　　仆今已遭乱无家，扁舟短棹，措此身甚易。独惜执事忮机㉘一动，长伏草莽则已，万一复得志，必至杀尽天下士以酬其宿所不快。则是使天下士终不复至执事之门，而后世操简书以议执事者，不能如仆之词微㉙而义婉也。仆且去，可以不言，然恐执事不察，终谓仆于长者傲，故敢述其区区㉚，不宣。

【注释】

　　①执事：书信中用以称对方，谓不敢直陈，故向侍从左右供使令的人陈述，意示尊敬。

　　②父行：与父亲同一辈分。

　　③神宗：明万历皇帝朱翊钧的庙号。

　　④大人：谓其父侯恂，万历进士，东林党成员。当时任御史等职。

　　⑤大人削官归：熹宗天启四年（1624），侯恂以反对阉党魏忠贤，被削官归里。

　　⑥戒途：筹备登程。戒，备。

　　⑦成勇：字仁有，天启五年进士，崇祯时官南京御史。

　　⑧方孔炤：字潜夫，号仁植，安徽桐城人，万历四十四年进士，崇祯时任右佥都御史巡抚湖广。明亡后隐居桐城白鹿山。

　　⑨刺：名片。古时于竹简上刺刻名字。

　　⑩成公已得罪去：成勇上疏诋兵部尚书杨嗣昌，被削籍戍宁波卫。

　　⑪方以智：字密之，号曼公，方孔炤之子。明清之际思想家、科学家。崇祯进士，官翰林院检讨。曾参加复社活动，为四公子之一。

　　⑫贳酒奏伎：买酒邀请歌伎演奏。

⑬阮光禄：阮大铖，字集之，号圆海，万历四十四年与马士英同中会试，天启时依附阉党魏忠贤，任光禄寺卿。阉党败后，名列逆案，被革职为民。崇祯末又依附权奸马士英，在南京拥立福王，任兵部尚书。后降清，从清军攻仙霞关，死于山上。

⑭陈君定生：陈贞慧，字定生，复社四公子之一，曾与吴应箕等抨击阉党余孽阮大铖等。明亡，隐居不出。吴君次尾：吴应箕，字次尾，复社四公子之一。明亡，起兵抗清，兵败被俘，不屈死。

⑮湔（jiān）：洗刷。

⑯辱：敬辞。表示有辱对方。

⑰顾：却。

⑱杨令君文骢：令君，汉末以来称尚书令及郎中令为"令君"，后亦以为县令的尊称。杨文骢，字龙友，贵州人。

⑲左将军：左良玉，明末大将，弘光时封宁南侯。

⑳清议堂：内阁的议事堂。

㉑有旧：有关系。

㉒盍：何不。

㉓熊尚书：南京兵部尚书熊明遇。当左良玉移兵九江时，他十分恐慌，请侯恂以书劝谕。侯方域代父给左良玉写了一封信。

㉔日暮途穷，倒行而逆施：《史记·伍子胥列传》载：伍子胥引吴兵入楚，掘发楚平王墓，鞭其尸。申包胥使人责子胥。伍子胥曰："为我谢申包胥曰：'吾日暮途远，吾故倒行而逆施之。'"比喻计穷力尽，做事违背常理。

㉕干儿义孙之徒：魏忠贤专政时，干儿义孙甚多，阮曾依附魏忠贤，造《百官图》，构陷杨涟、左光斗等，与魏之"干儿义孙"无异，故侯方域以此诋讥之。

㉖文织：用言辞或文字罗织罪名。

㉗左计：不适当的打算，失策。

㉘忮（zhì）机：忌恨的动机。

㉙微：卑微，谦恭。

㉚区区：恳切。

【译文】

我私下听说，有德行的人处世立身，不应自我宽容而对别人却苛求责备，从而反对别人的政治主张。如今阁下对于我，可不是这样，愿为阁下陈述之。

阁下是我的父辈，神宗末年，跟家父一起在朝廷任职，相处得颇为融洽。而后虽然始终想为阁下效劳而不能，阁下自己应当追忆其中的原委，不必我再赘述。家父被削职归里时，我还年少，每次侍奉左右，家父没有不忆念阁下的才华，而整日嗟叹惋惜不已。到我年纪稍大一些，开始懂得读书上进，便前往金陵寻朋访友。临上路时，家父为我送行并叮嘱说："金陵有位御史名叫成勇，虽然对我来说是后辈，但我内心却很器重他。你到金陵后，应当以他为师。还有一位老朋友方孔炤，你应当带上名片去拜访他于床前。"谈话中未提及阁下。待我到了金陵，成勇公已因得罪朝廷而离开了，仅见到方公，而他的儿子方以智，是我的故交，因此朝夕相处，过往密切。阁下和方公都是我的父辈，理应前往拜谒，然而我却不敢，阁下应当自己追忆其中的原因，不必我多言。如今阁下却责备我与方公情深意厚，而对阁下疏远。噫，也太过分了！

有一天，忽然有位王将军来拜访，态度十分谦恭。以后每次来到，总要邀我写诗，得到之后，总显得那样高兴，然后为我买酒和邀请歌伎演奏，并呼来游船，带上登山的鞋，一起游山玩水。态度极其恳切，连续多天而无倦色。起初我不了解他的目的，后来因生疑而追问王将军。于是，王将军屏退左右告诉我说："这都是因为阮大铖希望与你结交的缘故。阮大铖近来正受到诸位的辱骂，希望你再和好友陈定生君、吴次尾君说情，幸能略加洗刷。"我严肃地辞谢他说："阮大铖身居高位，又不缺少贵宾佳客，足以供自己玩乐，哪里需要用上这二三位书生呢？如果我把你们的要求说给陈定生、吴次尾听，一定会再次被他们两位所拒绝。假若我私下独自和阮大铖交游，只怕对阮大铖又毫无益处。八天来承蒙尽心款待，可谓情深意厚，然而却不得不一刀两断。"这一切我平心思量，自以为并无过分之处，而阁下却一直感到怨怒不已，那我的确无法逃避其罪责了！

昨天夜里刚刚睡下，杨文骢县令敲门进来对我说："左良玉的部队将要到来，都城里人们惶惶不安，阮大铖在清议堂扬言说，你跟他是老交情，而且和他内外相接应。你为何不赶快离开！"我才晓得阁下不单怨怒而已，而且怀恨在心，欲使我灭族而后快。我和左良玉固然是老相识，但已遵照熊尚书的教诲，写信制止他东下，可他的心事尚不得而知。倘使他冒犯朝廷，那就是贼；如果我的确在内接应，也同样是贼。有志节操守的人都略知礼义，何至于心甘情愿做贼！万一有这样的人，必定是那些日暮途穷、倒行逆施，犹如往昔魏忠贤的干儿义孙之流，无计可施，或许出此下策，而我岂是这种人？为何阁下给我罗织如此深重的罪名！

我私下感到奇怪的是，阁下常常表示希望结交天下名士，却反复无常坐失机会，以至于嫁祸于人使之灭族，这是很违背初衷的。倘使一旦回忆天下名士之所以远离阁下的缘故，未必不感到后悔，感到后悔则未必不改。果真感到后悔而加以改正，只要静待数年，阁下的心事未必不会显露出来。心事果真显露之后，天下名士未必不会接踵而来。我果真见到天下名士接踵投靠到阁下的门下来，也一定尾随在后，赔礼谢罪，恐怕还不为晚。阁下何至于筹划出如此阴险毒辣的下策！

由于遭受战乱，我如今已无家可归。如乘上小舟浪迹江湖，安置一己之身并不难。只痛惜阁下已萌生忌恨之心，要是长久隐居民间则已，万一又得志上台，必将杀尽天下之名士，来报复你以往的积怨，那么这就使天下名士终于不再投奔阁下之门。而后代操笔著书以评论阁下的人，也不可能像我这样写得文词谦恭而意思委婉了。我暂且离开这里，可以什么也不说，然而只恐阁下不能明察原委，以为我对长者态度傲慢，所以才敢于向阁下祖露自己的恳切之情，言不尽意。

一句话阅读

是非谁定千秋史，哀乐终伤百岁身。

——陈寅恪

聪训斋语（节选）

张　英

推荐者

张之锋

推荐缘由

　　清朝大学士张英，大度做人、清廉为官，颇受康熙帝倚重，六子中有四子中进士，孙子、曾孙亦有入翰林者，留下了"父子双宰相，一门六翰林"的佳话，堪称传统社会中修身齐家治国平天下的典范。《聪训斋语》一书，是张英训诫子孙持家、治国、读书、立身、做人的肺腑之言。全书内容非常丰富，但其核心在于"读书""守田""积德"和"择交"四个方面。这部家训文字精美、意趣高超、耐人寻味，金玉良言俯拾皆是，值得我们细细品读。

经典原文

圃翁①曰：予之立训，更无多言，止有四语：读书者不贱，守田者不饥，积德者不倾，择交者不败。尝将四语律身训子②，亦不用烦言夥说③矣。虽至寒苦之人，但能读书为文，必使人钦敬，不敢忽视。其人德性亦必温和，行事决不颠倒，不在功名之得失，遇合之迟速也。守田之说，详于《恒产琐言》④。积德之说，六经语孟⑤、诸史百家，无非阐发此义，不须赘说。择交之说，予目击身历，最为深切。此辈毒人，如鸩⑤之入口，蛇之螫肤，断断不易，决无解救之说，尤四者之纲领也。余言无奇，止⑥布帛菽粟⑦，可衣可食，但在体验亲切耳。

【注释】

①圃翁：作者张英（1637—1708）自称，清安徽桐城人，字敦复，号乐圃。

②律身训子：约束自己，训诫子孙。

③烦言夥（huǒ）说：琐碎多余的话。夥，杂多。

④《恒产琐言》：书名，张英著，书中提出了一系列家庭理财之道、理财之理和理财之策。

⑤六经语孟：六经指儒家的六种经典：《诗经》《尚书》《礼记》《周易》《春秋》《乐经》。语孟为《论语》《孟子》的省称。

⑥鸩：鸟名，传说羽毛有剧毒，代指毒酒。

⑦止：同"只"。

⑧布帛菽粟：平常的衣物食品。菽，豆类。粟，小米。

【译文】

圃翁说：我立家训，没有太多的话，只有四句：读书的人不会低贱，安守田地的人不会挨饿，积德行善的人不会倾覆，谨慎选择朋友的人不会败亡。我用这四句话约束自身教训儿子，也就不用絮叨多话了。即使是最贫寒艰苦的人，只要能读书写文章，就一定能让人钦佩敬仰，不敢忽视小瞧。这个人的德行也一定是温和的，做事情绝不会颠倒混乱，（这些）不在于功名的得失，机遇的早晚。安守田地的说法，详细写在《恒产琐言》里。积德行善的讲法，六经和《论语》《孟子》以及各种史书百家之言，无非是阐发这一道理，不需要我多说。谨慎择友的讲法，我亲见亲历，体会最为深切。这些恶毒小人，会像鸩毒入口、毒蛇噬身一样，绝对不会改变，更没有解救的办法。因此，谨慎择交这一点，尤其是四句训语中的最根本的一点。我的话没什么稀奇的，只是一些像可穿可吃的布帛粮食般的平常东西，但我是有真切体验的。

一句话阅读

　　祖宗虽远，祭祀不可不诚。子孙虽愚，经书不可不读。居身务期质朴，教子要有义方。

——（清）朱伯庐

聊斋志异·自序

蒲松龄

推荐者

段启明

推荐缘由

　　蒲松龄（1640—1715），字留仙，别号柳泉居士，山东淄川（今山东淄博）人，清代文学家。其代表作《聊斋志异》，是中国文学史上最优秀的文言短篇小说集，收录作品近五百篇。

　　《自序》明确地告诉世人，这近五百篇聊斋文是蒲松龄在广泛搜集民间传说、故事的基础上，熔铸了自己的人生体验、生活阅历、思想感情而创作成功的，即所谓"才非干宝，雅爱搜神；情类黄州，喜人谈鬼；闻则命笔，遂以成篇。久之……"同时，《自序》也表明，作者笔下的"谈鬼""说狐"，绝非游戏笔墨，其寓意之深远，已使"聊斋"成"孤愤之书"。故于文末云："寄托如此，亦足悲矣！嗟乎……知我者，其在青林黑塞间乎！"

《自序》不仅是我们了解蒲松龄、读懂《聊斋志异》的重要参考文献，而且文章本身波澜起伏，情深意切，既是一篇古文，又兼骈俪之美。兹特予推荐。

经典原文

披萝带荔，三闾氏感而为骚①；牛鬼蛇神，长爪郎吟而成癖②。自鸣天籁③，不择好④音，有由然⑤矣。松落落⑥秋萤之火，魑魅争光⑦；逐逐野马之尘⑧，罔两见笑⑨。才非干宝⑩，雅爱搜神；情类黄州⑪，喜人谈鬼。闻则命笔，遂以成编。久之，四方同人，又以邮筒⑫相寄，因而物以好聚，所积益夥⑬。甚者，人非化外⑭，事或奇于断发之乡⑮；睫在目前，怪有过于飞头之国⑯。遄飞逸兴⑰，狂固难辞；永托旷怀，痴且不讳。展如之人⑱，得毋向我胡卢⑲耶？然五父衢⑳头，或涉滥听㉑；而三生石㉒上，颇悟前因。放纵之言㉓，或有未可概㉔以人废者。

松悬弧㉕时，先大人梦一病瘠瞿昙㉖，偏袒㉗入室，药膏如钱，圆粘乳际，寤而松生，果符墨志㉘。且也，少羸㉙多病，长命不犹㉚。门庭之凄寂，则冷淡如僧；笔墨之耕耘㉛，则萧条似钵㉜。每搔头自念，勿亦面壁人㉝果是吾前身耶？盖有漏根因㉞，未结人天之果㉟；而随风荡堕，竟成藩溷之花㊱。茫茫六道㊲，何可谓无其理哉！独是子夜荧荧㊳，灯昏欲蕊㊴；萧斋瑟瑟，案冷疑冰。集腋为裘㊵，妄续幽冥之录㊶；浮白㊷载笔，仅成孤愤之书㊸。寄托如此，亦足悲矣。嗟乎！惊霜寒雀，抱树无温；吊月㊹秋虫，偎阑自热。知我者，其在青林黑塞㊺间乎？

康熙己未㊻春日。柳泉㊼自题。

【注释】

①三闾氏：屈原曾为三闾大夫，《离骚》是其代表作。"披萝带荔"，语本《九歌·山鬼》："若有人兮山之阿，披薜荔兮带女萝。"

②长爪郎：晚唐诗人李贺，字长吉，以其身材细瘦，指爪修长，故有长爪郎

之称。李商隐《李长吉小传》云："长吉细瘦，通眉，长指爪。"有吟诗之癖。每出行，辄骑弱马，背古锦囊，得句即投其中。其诗风以奇谲幻诞著称。杜牧《李长吉诗序》云："鲸呿鳌掷，牛鬼蛇神，不足为其虚荒诞幻也。"

③天籁：语出《庄子·齐物论》，意为自然之音。后用以指称诗文发自胸臆，无雕琢之迹。

④好：喜好。

⑤由然：因由，来由。

⑥落落：形容孤独寡合。

⑦魑魅（chīmèi）争光：晋裴启《语林》载，嵇康于夜间灯下弹琴，见一鬼怪，于是将灯吹灭，说"耻与魑魅争光"，这里反用其意。

⑧逐逐：竞求，急于得利。野马之尘：《庄子·逍遥游》："野马也，尘埃也，生物之以息相吹也。"这里喻尘世名利。

⑨罔两见笑：语见《南史·刘损传》："刘损族人刘伯龙家贫，及为武陵太守，贫窭尤甚，慨然欲贩卖营利，一鬼在傍抚掌大笑。"伯龙曰："贫穷固有命，乃复为鬼所笑也。"罔两，亦作"魍魉"，传说中的鬼怪。

⑩干宝：东晋著名作家，集古今怪异非常之事，作成《搜神记》，为六朝志怪书中的代表作。雅，颇，甚。

⑪黄州：指苏轼。宋叶梦得《避暑录话》载，苏轼以"谤讪朝廷"罪，被贬为黄州团练副使，日与人聚谈，强人说鬼，或辞无有，便说："姑妄言之。"

⑫邮筒：古代传递书札、诗文所用的竹筒。

⑬夥：多。

⑭化外：未开化的地方。

⑮断发之乡：蛮荒之地。《史记·吴太伯世家》："太伯、仲雍乃奔荆蛮，文身断发。"

⑯飞头之国：古代传说中的怪异地方。唐段成式《酉阳杂俎·异境》："岭南溪洞中，往往有飞头者，故有飞头獠子之号。"

⑰遄（chuán）飞逸兴：意兴飞扬。

⑱展如之人：语出《诗经·鄘风·君子偕老》："展如之人兮，邦之媛也。"朱

熹集传："展，诚也。"展如，诚实，老实。

⑲胡卢：形容笑声。《孔丛子·抗志》："卫君乃胡卢大笑。"

⑳五父：《史记·孔子世家》载，叔梁纥与颜氏女野合而生孔子，颜氏讳言叔梁纥葬处。颜氏死后，孔子"乃殡五父之衢，盖其慎也"。五父衢，道名，在今山东曲阜东南。

㉑滥听：无稽传说。这里用其事，意甚曲微。

㉒三生石：后人以"三生石"表示情谊前生已定，绵延不断。

㉓放纵之言：随便说的话。

㉔概：一概，完全。

㉕悬弧：《礼记·内则》："子生，男子设弧于门左，女子设帨于门右。"弧，木弓。后以"悬弧"表男子诞生。

㉖瞿昙：梵语，原为佛教始祖姓氏，后泛指僧人。

㉗偏袒：和尚身穿袈裟，袒露右肩，故称。《释氏要览·礼数》："偏袒，天竺之仪也。"

㉘墨志：黑痣。

㉙羸（léi）：瘦。

㉚不犹：不如别人。长大成人后命运不好。

㉛笔墨之耕耘：犹谓卖文度日。

㉜萧条似钵：像托钵和尚一样清贫。钵，梵语"钵多罗"之省文，俗称钵盂。

㉝面壁人：《五灯会元》卷一载，佛教禅宗祖师达摩来中国，面壁而坐九年。此处泛指佛僧。

㉞有漏根因：佛家语。意思是未断绝尘缘，归于寂空。

㉟人天之果：即行善者得到的果报。人天，佛教语。六道轮回中的人道和天道。

㊱溷（hùn）：粪坑。这里是借以自喻。

㊲六道：佛教语，谓天道、人道、阿修罗道、畜生道、饿鬼道、地狱道六样轮回去处。

㊳荧荧：烛光微弱貌。

㊴蕊：指灯油将尽，灯芯结花。

㊵腋：指狐腋下毛皮。裘：皮袍。

㊶幽冥之录：南朝刘义庆著《幽冥录》，记神鬼怪异事。这里泛指志怪小说。

㊷浮白：本义为罚满饮一杯酒。浮，旧时行酒令罚酒之称，后指满饮。白，古代罚酒用的杯子。后以"浮白"泛指饮酒。

㊸孤愤之书：战国韩非著有《孤愤》。《史记·老子韩非列传》索引云："孤愤，愤孤直不容于时也。"此指代《聊斋志异》。

㊹吊月：望月哀伤。

㊺青林黑塞：语本杜甫《梦李白二首》："魂来枫林青，魂返关塞黑。"比喻冥冥中。

㊻康熙己未：康熙十八（1679）年。

㊼柳泉：蒲松龄自号柳泉居士。

【译文】

"披萝带荔"的山鬼，三闾大夫屈原有感，流出《离骚》的唱叹；冥窈间的牛鬼蛇神，长指爪的李贺吟咏它们竟成瘾入癖。谈玄说鬼，胸臆间鸣响天籁，并非是选择人们惯听的喜庆之音，历来如此，自有本原。我蒲松龄这落落秋萤散发的微弱之火，魍魉们与我争夺生命间的小小光明，我奔波萍泛的寄食生涯和田野间飘浮动荡的逐逐野马之尘有何区别，魍魉们见我为衣食奔走的狼狈，也不禁发出讥谑的讪笑。我才气不如干宝，但我也雅爱搜神；我的性情类似贬谪黄州的苏东坡，同样地喜人谈鬼。有所听闻，则命笔记之，竟然撰写成一卷卷鬼故事。如此做了相当长时间，四面八方有同好的人，又将他们的听闻，用邮筒寄送给我，因而，鬼闻异事，因自己爱好，积累得越来越多。甚至，我们并非化外之民，我收到的鬼故事奇异得超过断发文身巫鬼文化流行的南蛮之地的传闻了；眼前发生的怪事，竟然怪异得超过脑袋可以飞来飞去的国度。鬼事在笔下逸兴飞扬，好啊，这笔底的狂意，收获的狂狷之名，我才不会推脱呢；这笔底借鬼事倾吐和寄托的我的旷远怀抱，使我绝不隐讳我对鬼神之事的痴迷。实诚的人，怕正对我的怪异，掩嘴胡卢大笑。当然，我这些鬼故事，可能也存在传说中孔夫子的老娘停棺"五父街头"一样不可靠处，涉嫌"滥听"嫌疑；当然，从三生石上的故事，我也悟出后果前因。书中放纵的话，神奇鬼怪之谈，不可一概以我蒲松龄没有多少社会地位而被轻忽。

当年，我将出生时，先父恍惚梦见一个病而清瘦的和尚，偏袒衣服进到房间，他记得这个臭和尚的乳头旁粘着一块铜钱大的药膏。父亲醒后，我正好生下来，胸前果然有一块圆形的黑色胎记。一切皆如父梦。在我的成长岁月里，我的命程也就是"和尚运"，不如别人，少年时体质不好，多病；长大后又命运亦不如别人。门庭的冷落，凄清得就像和尚庙；笔墨的耕耘生涯，萧条得就像和尚托着一个钵要仰人鼻息靠人施舍。每每搔头独想：难道那个面壁的和尚，真是我的前身？只是我没有剪断凡尘俗念，因而没有修成人天正果；而最后随风飘荡坠落于地，竟然像一瓣花飘落于藩篱外粪池旁。茫茫众生生死之趣，怎可说没有它的原因道理！在这寂寞而黑暗的子夜，灯火荧荧，灯芯闪亮结成灯花，仿佛要熄灭；寒斋瑟瑟，桌案冷得就像一块寒冰。集腋成裘，我妄想写成《幽冥录》的续篇；把酒命笔，独自酿成像韩非子的《孤愤》之篇；我的怀抱，在如此寒夜就这样寄托于文字中，这是一件让我足够伤怀、伤感的事情。哎！惊霜寒雀，栖在树枝之上，感觉不到寒冬丛枝的温暖；吊月伤怀的秋虫，偎依栏杆，自我取暖。我这书就这样写就，只是知我者，难道就是那青青枫林、沉沉关塞游荡着的幽魂吗？

康熙十八年（1679）春日，柳泉自题。

一句话阅读

写鬼写妖高人一筹，画人画狐入木三分。

——郭沫若

邓钟岳处理兄弟争产判词

邓钟岳

推荐者

楼宇烈

推荐缘由

新文化运动以来，三纲五常历来被视为封建文化的糟粕而受到批判。客观公正地讲，这是历史的误会。我们先不谈三纲，就五常来讲，确是传统文化的精华。无论对于个人的修身，还是国家的安定、社会的和谐，都具有不可低估的意义和作用。

邓钟岳的判词以五常为入手，动之以情，晓之以理，由小见大，由兽及人，可谓金玉良言，感人至深。兄弟二人听后悔恨交加，和好如初。后人曾写词赞扬道：邓状元，一手批文惊腐顽，冰解了沈氏案。邓钟岳连同他的判词虽然都已走进历史，但却传为千秋美谈。

　　鹁鸽呼雏，乌鸦反哺，仁也；鹿得草而鸣其群，蜂见花而聚其众，义也；羊羔跪乳，马不欺母，礼也；蜘蛛罗网以为食，蝼蚁塞穴以避水，智也；鸡非晓而不鸣，燕非社①而不至，信也。禽兽尚有五常②，人为万物之灵，岂无一得乎！以祖宗遗产之小争，而伤弟兄骨肉之大情。兄通万卷应具教弟之才，弟掌六科岂有伤兄之理？沈仲仁，仁而不仁，沈仲义，义而不义！有过必改，再思可矣！兄弟同胞一母生，祖宗遗产何须争？一番相见一番老，能得几时为弟兄？

【注释】

　　①社：古代地方基层行政单位，相当于"里"。

　　②五常：指仁、义、礼、智、信。

【译文】

　　鹁鸽呼雏，乌鸦反哺，是仁；鹿找到食草就呼叫它的同伴，蜜蜂看到花就使它的同伴聚集，是义；羊羔跪乳，马不欺母，是礼；蜘蛛结网来捕捉食物，蝼蚁堵塞洞穴来避免水患，是智；鸡不到早晨就不打鸣，燕子不是家社就不筑巢，是信。禽兽尚且有五常，人作为万物灵长，怎么会没有一种道德伦理呢！因为争祖宗遗产这样的小事，却伤害弟兄骨肉间的大的人情。兄长通读万卷书应该具备教育弟弟的才能，弟弟掌官六科的事务哪里有伤害兄长的道理？沈仲仁，名仁却不仁，沈仲义，名义却不义！有过错一定要改正，再思考一下就可以了！兄弟同胞为一母所生，祖宗遗产哪里应当争夺呢？一番相见一番老，还能有多少时间作弟兄？

一句话阅读

君子务本，本立而道生。孝弟也者，其为仁之本与？

——（春秋）有子

文史通义·诗教（节选）

章学诚

推荐者

徐健顺

满族，1969年出生于青岛。首都师范大学中国国学教育学院副教授，著名吟诵专家，中华吟诵学会秘书长。1991年入中央民族大学中文系攻读硕士，师从裴斐先生治唐宋文学。2003年在中央民族大学少数民族语言文学系获文学博士学位，师从李岩教授治朝鲜文学。2006年在首都师范大学文学院博士后流动站出站，师从赵敏俐教授治中国古代诗歌。代表著作有《名家状元八股文》《声音的意义》《徐健顺吟诵文集》《吟诵教程》等。

推荐缘由

这段文字，是清代著名史学家章学诚对文章源头与演变的考察结论。他认为战国时期是所有文章的一个枢纽。华夏文化本以六艺传道，到战国六艺衰微，而人们改用文章来传道，而文章的各种文体、功能都来自六艺，只是六艺的变化而已。后世的文章也都源于战国的文章形式、功能。辨明这一点，就说明了后世所有的文章都源于六艺，都源于传道，是诗教的流变。文以载道，非为个人抒情，非为哲学批判，非为现实反映，而是为了传道、修身，这对于今天把古诗文从西方文论的艺术、文学的身份恢复为传统的修身传道的身份，从而重新审视和学习古诗文是非常重要的。

经典原文

　　周衰文弊①，六艺道息②，而诸子争鸣。盖至战国而文章之变尽③，至战国而著述之事专④，至战国而后世之文体备⑤；故论文于战国，而升降盛衰之故可知也。

　　战国之文，奇衺⑥错出，而裂⑦于道，人知之；其源皆出于六艺，人不知也。后世之文，其体皆备于战国，人不知；其源多出于《诗》教，人愈不知也。知文体备于战国，而始可与论后世之文；知诸家本于六艺，而后可与论战国之文；知战国多出于《诗》教，而后可与论六艺之文；可与论六艺之文，而后可与离⑧文而见道；可与离文而见道，而后可与奉⑨道而折⑩诸家之文也。

【注释】

　　①弊：破败。

　　②息：止息。

　　③变尽：变化穷尽。

　　④专：专门化。

　　⑤备：完备。

　　⑥奇衺（xié）：奇异不正。衺，古同"邪"。

　　⑦裂：分裂。

　　⑧离：分析。

　　⑨奉：尊奉。

　　⑩折：批判。

【译文】

　　周代衰落，文化破败，六经之道至此止息，而诸子起而争鸣。大概到战国时文章的变化穷尽，到战国时著述的事开始专门化，到战国时后世的文体已经完备。因此，讨论战国时的文章，可以知道文章发展盛衰的原因。

　　战国的文章，奇异不正的东西错杂出现，分裂了道，人们是知道的；它们的源头都出自六经，人们不知道。后世的文章，体裁都在战国完备，人们不知道；它们的源头大多出自《诗》教，人们更不知道了；知道文体在战国完备，才可以和他谈论后世的文章；知道诸子根源于六经，然后可以和他讨论战国的文章；知道战国的文章大多出自《诗》教，然后可以和他谈论六经的文章；可以和他谈论六经的文章，然后可以和他分析文章而见到道；可以和他分析文章而见到道，然后可以和他尊奉道而批判诸子的文章。

一句话阅读

　　诗者，志之所之也。在心为志，发言为诗。情动于中，而形于言；言之不足，故嗟叹之；嗟叹之不足，故咏歌之；咏歌之不足，不知手之舞之足之蹈之也。

　　　　　　　　　　　　　　　　——《毛诗序》

曾国藩家书（节选）

曾国藩

推荐者

徐　勇

笔名徐梓，北京师范大学教育学部教授，北京师范大学国学经典教育研究中心主任。兼任中国教育学会传统文化教育中心主任委员、中华炎黄文化研究会童蒙文化专业委员会会长、中国书院学会副会长、中国教育学会教育史分会秘书长、北京市人民政府特约教育督导员等。主要研究中国传统教育、中国传统文化教育，发表学术论文百余篇，出版学术专著《元代书院研究》《中华蒙学读物通论》《中华文化通志·家范志》《现代史学意识与传统教育研究》等多部，主编《历史》《国学》《传统文化》《中华传统文化》等中小学教材多种。

推荐缘由

曾国藩权绾四省，官至宰相，取封侯赏，位极人臣。但他深具学者情怀，对书更是情有独钟。当繁忙的公务使得他"无片刻读书之暇"的时候，他便觉得

"做官如此，真味同嚼蜡矣"。虽然他"欲以戴、钱、段、王之训诂"的理想未能实现，但"发为班、张、左、郭之文章"则卓然大家。他的文章气积势盛，雄奇瑰伟，独步一时，开宗立派。

　　读书之法，做人之道，在曾国藩的这两通家书中，阐释得极为透彻明白。它既是曾氏一己的体悟和心得，也是传统为人为学的集中体现和表达；而且多方譬喻，来回反复，具体深刻，亲切沁心，读起来令人心有戚戚，至为倾服。

经典原文

一①

　　读书之法，看读写作四者，每日不可缺一。

　　看者，如尔去年看《史记》《汉书》《韩文》《近思录》，今年看《周易折中》之类是也。

　　读者，如《四书》《诗》《书》《易经》《左传》诸经，《昭明文选》，李杜韩苏之诗，韩欧曾王之文，非高声朗诵则不能得其雄伟之概，非密咏恬吟②则不能探其深远之韵。譬之富家居积，看书则在外贸易，获利三倍者也；读书则在家慎守，不轻花费者也。譬之兵家战争，看书则攻城略地，开拓土宇者也；读书则深沟坚垒，得地能守者也。看书与子夏之"日知所亡"③相近，读书与"无忘所能"④相近，二者不可偏废。

　　至于写字，真⑤行篆隶，尔颇好之，切不可间断一日，既要求好，又要求快。余生平因作字迟钝，吃亏不少。尔须力求敏捷，每日能作楷书一万，则几矣。

　　至于作诸文，亦宜在二三十岁立定规模；过三十后，则长进极难。作四书文⑥，作试帖诗，作律赋，作古今体诗，作古文，作骈体文，数者不可不一一讲求，一一试为之。少年不可怕丑，须有狂者进取之趣。此时不试为之，则后此弥不肯为矣。

至于作人之道，圣贤千言万语，大抵不外敬恕二字。"仲弓问仁"一章，言敬恕最为亲切。自此以外，如"立则见其参于前也，在舆则见其倚于衡也⑦"，"君子无众寡，无小大，无敢慢"，斯为"泰而不骄"；"正其衣冠，俨然人望而畏"，斯为"威而不猛"。是皆言敬之最好下手者。孔言"欲立立人，欲达达人"；孟言"行有不得，反求诸己"，"以仁存心，以礼存心，有终身之忧，无一朝之患"。是皆言恕之最好下手者。

尔心境明白，于恕字或易着功，敬字则宜勉强行之。此立德之基，不可不谨。

【注释】

①本文摘选自曾国藩于咸丰八年七月二十一日写给长子曾纪泽的家书。

②密咏恬吟：形容读书时静下心来，默默地吟诵，细心体会其中含义。密，静寂，默默地。恬，安静。

③日知所亡：出自《论语·子张》："子夏曰：日知其所亡（wú），月无忘其所能，可谓好学也已矣。"每天能学到一些自己没有的知识，每月不忘自己已掌握的知识，这样就可以说是好学的了。

④无忘所能：参见"日知所亡"释义。

⑤真：指"真书"，汉字主要书体之一，亦称"今隶""楷书""正书"。王羲之《乐毅论》《黄庭经》《东方朔画赞》等是真书中的极品。

⑥四书文：明清科举考试所用的文体。因考试时多取"四书"语命题，亦称八股文、时文。

⑦"立则见其"两句：出自《论语·卫灵公》，是孔子答子张句。意思是，站立时仿佛看见"忠信笃敬"这几个字耸立在面前，坐在车里就仿佛这四个字挂在车辕的横木上。参，高耸的样子。舆，即车厢。衡，车辕前端用于套牲口的横木。

【译文】

读书的方法，看、读、写、作这四样，每天都缺一不可。

　　看的方面，就像你去年看《史记》《汉书》《韩文》和《近思录》，今年看《周易折中》之类。读的，就是像《四书》《诗经》《书经》《易经》《左传》等经典，《昭明文选》，李白、杜甫、韩愈、苏轼的诗，韩愈、欧阳修等人的文章，不高声朗诵，就无法体会其中雄伟的气概；不反复吟咏，无法领略其中深远的韵味。用有钱人家囤米积财做比喻：看书，就如同在外做生意，可获三倍之利；读书，就如同在家慎守家财，不让它轻易花费掉。用战争来比喻：看书，就是攻城略地，开拓疆土；读书，就是深挖沟、高筑垒，得地以后能守护。看书与子夏所说的"日知所无"相近，读书则与"无忘所能"相近，两者不可偏废。

　　关于写字，真行篆隶等字体，你都很喜欢，切不可有一天的间断。既要求好，又要求快。我平生因为写字慢，吃了不少亏。你写字要追求敏捷，每天能写出一万字的楷书，那就差不多了。

　　关于作各种文章，也应当在二三十岁的时候奠定基础。过了三十岁后，要有长进就很困难了。作八股文，作试帖诗，作格律诗赋，作古今体诗，作古文，作骈体文，这些都需要一一去讲究，一一去尝试。年轻时，不要怕出丑，要有《论语》中所讲的"狂者进取"的意趣。这个时候不肯尝试，过了这个年岁，就不愿意去这么做了。

　　至于为人之道，圣贤说了千言万语，大致也不外乎"敬恕"二字。《论语》中的"仲弓问仁"一章，把"敬恕"讲解得最为准确。除此以外，如"立则见其参于前也，在舆则见其倚于衡也"，"君子无众寡，无小大，无敢慢"，那就是"泰而不骄"；"正其衣冠，俨然人望而畏"，那就是"威而不猛"。这些话，都是讲"敬"的最好入手的方面。孔子说"欲立立人，欲达达人"；孟子说"行有不得，反求诸己"，"以仁存心，以礼存心，有终身之忧，无一朝之患"。这些话都是说"恕"的最好入手的方面。

　　你心里清楚明白，对"恕"或许容易用功，对"敬"则应勉力行之。这些是立德的根基，不可不谨慎。

一①

汝读《四书》无甚心得，由不能虚心涵泳②，切己体察。朱子教人读书之法，此二语最为精当。尔现读《离娄》，即如《离娄》首章"上无道揆③，下无法守④"，吾往年读之，亦无甚警惕；近岁在外办事，乃知上之人必揆诸道，下之人必守乎法，若人人以道揆自许，从心而不从法，则下凌上矣。"爱人不亲"章，往年读之，不甚亲切；近岁阅历日久，乃知治人不治者，智不足也。此切己体察之一端也。涵泳二字，最不易识，余尝以意测之曰：涵者，如春雨之润花，如清渠之溉稻。雨之润花，过小则难透，过大则离披⑤，适中则涵濡而滋液。清渠之溉稻，过小则枯槁，过多则伤涝，适中则涵养而浡兴。泳者，如鱼之游水，如人之濯足。程子谓鱼跃于渊，活泼泼地；庄子言濠梁观鱼，安知非乐？此鱼水之快也。左太冲有"濯足万里流"之句，苏子瞻有夜卧濯足诗，有浴罢诗，亦人性乐水者之一快也。善读书者，须视书如水，而视此心如花、如稻、如鱼、如濯足，则涵泳二字，庶可得之于意言之表。尔读书易于解说文义，却不甚能深入，可就朱子"涵泳""体察"二语悉心求之。

【注释】

①本文摘选自曾国藩于咸丰八年八月初三写给长子曾纪泽的家书。

②涵泳：沉潜并反复玩味和推敲。

③道揆：以义理度量事物而制其宜。揆，尺度，准则。

④法守：按法度履行自己的职守。

⑤离披：纷纷下落貌。

【译文】

你读《四书》没有什么心得体会，原因是你不能够虚心沉潜并反复玩味和推敲，推己及人体悟省察。朱熹在教人读书的方法里，"虚心涵泳，切己体察"

这两句话是最精要得当的。你现在读《离娄》章，首章讲"上无道揆，下无法守"，我当年读的时候，也对这话没怎么警醒；但是近年来在外面办事，才知道上位者一定要事事衡量是否合乎道义，下位者则必须遵守法规。如果人人都以遵守道德自居，做事顺从心愿而不依从法规，则会造成下位者凌驾于上位者的局面。至于"爱人不亲"章，我当年读的时候，也不觉得很亲切。但是，近年来增长了阅历，才知道管理不好别人，是智慧不足的缘故。这是从自身出发进行省察的一个方面。"涵泳"的方法，最不容易认识。我曾经私下揣摩说：涵的方法，就好比春雨滋润花朵，清渠灌溉水稻。雨水润花，雨小了就难润透，大了则会把花打落，适当的雨量才能够真正滋润花朵。清水灌溉稻苗，水小了就容易枯萎，水大了则会导致涝灾，适当的水量才能够真正使稻苗茁壮成长。泳的方法，就好比鱼儿游水，人们洗足。程子曾经评价鱼跃于渊，是"活泼泼地"；庄子曾在濠梁观鱼，讨论"鱼乐"，怎么能说这不是一种乐趣呢？这是"鱼水"带来的意趣啊。左思有"濯足万里流"的诗句，苏轼也有濯足诗、浴罢诗，这也是一种人性喜欢水的乐趣。善于读书的人，必须把书看作水，把心看作润花、灌稻、濯足，那么"涵泳"的方法，大概就能有更深的体会了。你读书时，单纯理解文章的意义是很容易的事，却往往不能深入体会，可针对朱子的"涵泳""体察"二语仔细体会出读书的要旨，用心追求更高的境界。

一句话阅读

> 立身以立学为先，立学以读书为本。
>
> ——（北宋）欧阳修

人间词话（节选）

王国维

推荐者

俞国林

推荐缘由

　　王国维是中国近代美学的开创者，他的《人间词话》以"境界说"为核心，提出了"有造境，有写境"。有"隔"，有"不隔"，有"客观之诗人"，有"主观之诗人"等一系列观点。熔西方美学思想与中国传统文学批评于一炉，有助于人们以现代眼光去审视中国传统诗学，具有很高的学术价值。

　　节选部分沿用中国传统诗话、词话的形式，选择人们耳熟能详的诗词名句来阐述"有我之境"和"无我之境"，雅致生动，韵味悠长。采用对比说理的方式，分析透彻，易于理解。

经典原文

　　有有我之境，有无我之境。"泪眼问花花不语，乱红飞过秋千去。"①"可堪孤馆闭春寒，杜鹃声里斜阳暮。"②有我之境也。"采菊东篱下，悠然见南山。"③"寒波澹澹起，白鸟悠悠下。"④无我之境也。有我之境，以我观物，故物皆着我之色彩。无我之境，以物观物，故不知何者为我，何者为物。古人为词，写有我之境者为多，然未始不能写无我之境，此在豪杰之士能自树立耳。

【注释】

　　①"泪眼"句：出自欧阳修《蝶恋花》："庭院深深深几许？杨柳堆烟，帘幕无重数。玉勒雕鞍游冶处，楼高不见章台路。　雨横风狂三月暮，门掩黄昏，无计留春住。泪眼问花花不语，乱红飞过秋千去。"

　　②"可堪"句：出自秦观《踏莎行》："雾失楼台，月迷津渡，桃源望断无寻处。可堪孤馆闭春寒，杜鹃声里斜阳暮。　驿寄梅花，鱼传尺素，砌成此恨无重数。郴江幸自绕郴山，为谁流下潇湘去。"

　　③"采菊"句：出自陶渊明《饮酒》："结庐在人境，而无车马喧。问君何能尔？心远地自偏。采菊东篱下，悠然见南山。山气日夕佳，飞鸟相与还。此中有真意，欲辨已忘言。"

　　④"寒波"句：出自元好问《颖亭留别》："故人重分携，临流驻归驾。乾坤展清眺，万景若相借。北风三日雪，太素秉元化。九山郁峥嵘，了不受陵跨。寒波澹澹起，白鸟悠悠下。怀归人自急，物态本闲暇。壶觞负吟啸，尘土足悲咤。回首亭中人，平林淡如画。"

【译文】

　　有有我之境，有无我之境。"泪眼问花花不语，乱红飞过秋千去。""可堪孤馆闭春寒，杜鹃声里斜阳暮。"是有我之境。"采菊东篱下，悠然见南山。""寒波澹澹起，白鸟悠悠下。"是无我之境。有我之境，以我观物，故物皆附着我之主观色彩。无我之境，以物观物，物我浑然，因此不知何者为我，何者为物。古人作词，写有我之境的人居多，然而并不是不能写无我之境，只不过仅豪杰之士才能创造出来罢了！

一句话阅读

目送归鸿，手挥五弦。俯仰自得，游心太玄。
嘉彼钓叟，得鱼忘筌。郢人逝矣，谁与尽言。

——（三国）嵇康

王国维纪念碑铭

陈寅恪

推荐者

彭　林

江苏无锡人。历史学博士，清华大学历史系教授、博士生导师，国际儒学联合会理事，中华炎黄文化研究会理事，中国社会科学院古代文明研究中心专家委员会委员，京都大学、香港城市大学等校客座教授，《中国经学》主编。长年从事历史文献学、中国古代礼乐文明的研究。主讲中国古代礼仪文明、古文字学、《四书》讲论、文物精品与文化中国等课程。曾获清华大学首届"十佳教师"、清华大学"良师益友"特别奖、北京高校教学名师等荣誉称号。

推荐缘由

坐落在清华园内的王国维先生纪念牌，是三位学术大师合作的结晶：梁思成先生设计碑式，陈寅恪先生撰写碑文，马衡先生题写篆额，人称"三绝碑"。

王国维，字静安，清华大学国学研究院导师，中国近代学术的开创者，20

世纪独步史坛的巨擘，其学淹博，几无涯略。举凡甲骨金文、钟鼎彝器、齐鲁封泥、汉魏碑刻、流沙坠简、敦煌写经、西北史地、宋元戏曲、版本目录、典籍校勘等领域，无不卓有建树。其所创立的以"纸上之材料"与"地下之新材料"相互印证的"二重证据法"，堪称史学研究之革命。1927年，王静安先生自沉于昆明湖。两年后，清华同人仍追思不已，决定为之立碑，以志纪念。士人读书治学以发扬真理为标准，其中"独立之精神，自由之思想"尤为关键。这也正是王国维学术思想里蕴含的最高贵的财富。追寻民国时期大师辈出、大学百花齐放异彩纷呈的局面，那一代学人"思想不自由，毋宁死耳"的学术追求精神更值得今人深思和借鉴。

经典原文

海宁王先生自沉后二年，清华研究院同人咸怀思不能自已。其弟子受先生之陶冶煦育①者有年，尤思有以永其念。佥②曰："宜铭之贞珉③，以昭示于无竟④。"因以刻石之辞命寅恪，数辞不获已，谨举先生之志事以普告天下后世。其词曰：

士之读书治学，盖将以脱心志于俗谛之桎梏，真理因得以发扬。思想不自由，毋宁死耳。斯古今仁圣所同殉之精义，夫岂庸鄙之敢望。先生以一死见其独立自由之意志，非所论于一人之恩怨、一姓之兴亡。呜呼！树兹石于讲舍，系哀思而不忘。表哲人之奇节，诉真宰⑤之茫茫。来世不可知者也，先生之著述，或有时而不章。先生之学说，或有时而可商。惟此独立之精神，自由之思想，历千万祀，与天壤而同久，共三光⑥而永光。

【注释】

①煦育：教诲、熏陶。

②佥：众人，大家。

③贞珉：石刻碑铭的美称。

④无竟：没有穷尽，没有边际。

⑤真宰：宇宙的主宰。

⑥三光：日、月、星。

【译文】

王国维先生自沉昆明湖两年后，清华研究院同人都不能停止对先生的怀念。他的弟子受先生的教诲、熏陶多年，特别想做些事情来永远地纪念他。大家说："应当铭刻石碑，来昭示无尽的思念。"于是把写碑文的任务交给寅恪，屡次推辞没有得到应允，现在我恭敬地概括先生的志向事业来告诉天下及后世之人。其词曰：

知识分子读书治学，以脱离世俗羁绊，发扬真理为宗旨。思想不自由，毋宁死耳。这是古今仁人圣贤不惜生命以追求的共同的精深微妙的义理，哪里是庸常鄙陋的人能够看到的。先生凭借一死显现他的独立自由的意志，不是俗论所说的在于个人的恩怨、某一王朝的兴亡。呜呼！树立这块石碑在校园，以表达哀思而不忘先生。显扬哲人的奇特节操，诉说宇宙的主宰于茫茫后世。未来的世界是不能够预知的，先生的学术文章从未来看或许并非全是真理。先生的学说，或许也有可商榷的地方。唯此独立之精神，自由之思想，历经千万年不变，和天地同存，与日月星辰一样永远闪耀光芒。

一句话阅读

学问之道无他，求其放心而已矣。

——（战国）孟子